# Heinrich Böll
## Bild · Bonn · Boenisch

Heinrich Böll

# Bild
# Bonn
# Boenisch

**Lamuv Verlag**

CIP-Kurztitelaufnahme der Deutschen Bibliothek

**Böll, Heinrich:**
Bild-Bonn-Boenisch / Heinrich Böll.
Bornheim-Merten : Lamuv Verlag, 1984.
    ISBN 3-88977-008-8

**Bitte fordern Sie unseren Kundenprospekt an, der Ihnen zweimal jährlich kostenlos zugeschickt wird.**

1. Auflage, 1.–8. Tausend, September 1984
2. Auflage, 9.–16. Tausend, Oktober 1984
© Copyright Lamuv Verlag GmbH,
Martinstraße 7, 5303 Bornheim-Merten, 1984

Lektorat: Karl Heiner Busse
Umschlagfoto und Gestaltung: Klaus Staeck/Gerhard Steidl
Gesamtherstellung: Steidl, Göttingen
ISBN 3-88977-008-8

Ich widme dieses Buch all denen,
die je in »Bild« und
»Bild am Sonntag« verleumdet oder
verhöhnt worden sind, also auch
einigen Unionspolitikern.

Gerhard Steidl danke ich für das
umfangreiche Material,
das er mir aus seinem Archiv
zur Verfügung stellte.

H. B.

Jeder Missbrauch der Pressefreiheit
ist besser als irgendeine
Einschränkung dieser Freiheit.
(Peter Boenisch in »Bild am Sonntag«, 11. 8. 1974)


Es geht nicht darum, dass wir ein
Volk von politischen Sauber-
männern werden.
Aber es geht nicht ohne Sauberkeit
in der Politik.
(Peter Boenisch in »Bild am Sonntag«, 25. 8. 1974)

# Inhalt

## Die große Vor- und Nachverurteilung

### Seite 11

## Kommentierte Kolumnen

### Seite 28

## Nachbemerkung

### Seite 168

# Die große Vor- und Nachverurteilung

Wäre er bei Springer geblieben oder hätte sich bei einem anderen einschlägigen Mediengiganten einen der zahlreichen Tümpel gesucht, in denen er seinen Meinungsmulm hätte aufwirbeln können, hätte weiter gequackt und geplanscht, seine Mediengrütze verspritzt – es wäre keiner Broschüre von auch nur einem Druckbogen wert, sich mit ihm zu beschäftigen. So neu und so originell ist diese Art von Meinungsverbreitung dann doch nicht. Möglich, daß er weiterhin das eine oder andere Gericht beschäftigt hätte, wenn dem einen oder anderen Zeitgenossen das Geschmier dieses tadellos auftretenden Ehrenmanns zu weit gegangen wäre.

Ich habe schon einmal Tiere, Hühner, beleidigt, als ich vor Jahren die BILD-Zeitung als Hühnerfutter bezeichnete, habe nicht bedacht, was ich den unschuldigen Hühnern zumutete, auch nicht bedacht: Welche Qualität werden nach solchem Futter unsere Frühstückseier bekommen? Bleiben wir also menschlich, bleiben bei seiner eigenhändig angerührten Sprachbrühe. Ich nehme sofort auch die Grütze und die Brühe zurück: beides sind honorige Speisen; versuchen wir's mit Soße, die ja gewöhnlich undurchsichtig ist, die ehrbar, aber auch ehrlos sein kann; Köche und Hausfrauen wissen, bei Soßen kann gepfuscht werden. Dann kämen wir, um Boenischs Sprachgebilde zu charakterisieren, auf Meinungssoße, und es wird auch eine ehrliche Soße nicht kränken, wenn ich behaupte: von Soße allein kann man nicht leben, verdirbt man sich den Magen. Einfallsreiche Hausfrauen wissen natürlich – ich denke dabei an die Kochkünste meiner Mutter im Kriege und an die meiner Frau in Krieg und Frieden – aus Soßen eine Suppe zu machen, diesen großen Trost der Menschheit aber, suppigen Trost konnte ich an keiner der etwa zweihundert Einzelpublikationen des Boenisch'schen Gesamtwerks finden.

Es ist schon eine einmalige Leseerfahrung, etwa zweihundert »Boenischs« sich vors Auge zu nehmen. Wenn man genau hinschaut, hat er nur einen verschont, den, DER DA KOMMEN SOLL, Franz Josef Strauß. Auch das wäre keiner noch so winzigen Publikation wert. Es ist das Recht eines Journalisten, einem Politiker, den er favorisiert, den Weg zu bereiten. Geschenkt, alles geschenkt, dem Orkus anheimgegeben, alles, auch die Tatsache, daß er sich für den hübschesten aller Schreiber hält (Mein Gott, hat der Sorgen!), vergessen, die ganze »flotte Schreibe«, bei der immer wieder Schnauze und Schreibe verwechselt werden – alles in den Papierkorb, wäre, ja, wäre er nicht Mitglied einer Bundesregierung geworden, Chef eines Regierungsamtes mit erheblicher personeller Besetzung, erheblicher Verantwortung, erheblichem Etat, *eigentlich* eines Ministeriums, das man, obwohl es jedem Staat von der Erheblichkeit der Bundesrepublik erlaubt sein dürfte, ein Informationsministerium zu unterhalten, nur deshalb nicht so nennt, weil's ja nun wirklich mal einen gewissen Goebbels gegeben hat. Ich finde, diese Scham ist längst nicht mehr angebracht, man sollte getrost aus dem Staatssekretär einen Minister machen, wie es seinem umfangreichen Apparat entspräche. Boenisch nun mit Goebbels zu vergleichen wäre nicht angebracht: Er ist kein Nazi, ist nicht so intelligent wie Goebbels, ist auch nicht, was Goebbels war und was ihm die mörderische demagogische Schärfe verlieh: er ist kein Intellektueller. Ich fürchte, daß Boenisch manches, was er so dahingeschrieben hat, wirklich *gemeint,* vielleicht sogar geglaubt hat. Einiges wirkt wie herausgekotzt, erbrochen: da hat einer zuviel von der eigenen Soße geschluckt, die Konvulsionen bringen den Mageninhalt zu Tage. Man lese noch einmal das Springer-Buch von Hans Dieter Müller, das eine Neuauflage als Taschenbuch verdient hätte, ergänzt und erweitert, man lese auch getrost noch einmal Günter Wallraff, getrost auch erinnere man sich – bevor man ein Gesetz gegen Vorverurteilungen in der Presse erwägt – an den Schüler, der angeblich Mädchenblut trank, an sämtlichen Kiosken als eine Mischung aus Frankenstein und Haarmann verurteilt wurde, bevor ein Staatsanwalt daran dachte, Anklage gegen ihn zu erheben. Ein bißchen Erinnerung, nur ein wenig, ist schon erforderlich, wenn man ermessen will, wie typisch und wohl auch folgerichtig es ist, daß nicht irgendein Springer-Journalist Regierungssprecher geworden ist, sondern der, der BILD zu dem gemacht hat, was BILD ist. Es ist das unbestrittene Recht jeder Regierung, sich ihren Pressesprecher aus der publizistischen Landschaft zu suchen, die ihrer politischen Richtung gewogen war; einen Sprecher, der »hinter ihr steht« und ihre Politik gut verkauft, und warum sollte es nicht ein Springer- oder gar ein BILD-Journalist sein. Völlig legal und liegt durchaus »in der Natur der Sache«. Ob Boenisch aber durch seine publizierten Vorleistungen besonders qualifiziert war, sich sozusagen ein Recht erworben hatte, wage ich zu bezweifeln; ich wage sogar zu bezweifeln, daß er hinter dieser Regierung steht, aber das ist nicht mein Problem; problematisch aber ist seine *publizistische* Qualifikation, sein Hintergrund. Sein Vordergrund, seine gegenwärtige Tätigkeit, ist hier nicht der Gegenstand.

Fragen darf sich einer wohl auch, ob er geeignet wäre, einen Gesetzentwurf der Regierung vorzustellen, der kritischen Journalismus behindern soll, indem er *Vorverurteilung* gesetzlich verbieten läßt. Offenbar hat niemand darüber nachgedacht, was aus BILD werden soll, wenn Vorverurteilung strafbar wird. Will die Bundesregierung etwa auf BILD, das doch fast schon Regierungsblatt ist, verzichten? Was sagen die Zeitungen dazu, die man immer noch »seriös« nennt, die den Aufstieg eines höchst unseriösen Journalisten zum Regierungsmitglied mit überraschendem Schmunzeln hingenommen haben?

An Boenischs Tätigkeit als Regierungssprecher etwas auszusetzen, ist nicht Gegenstand dieser Broschüre. Diese Arbeit macht er *bisher* tadellos. Es war wohl sein Einfall, mit dem Bundeskanzler, der immerhin auf dem Hin- und Rückflug Akten studierte, mal rasch zur Fußballnationalmannschaft zu fliegen, dort zu lächeln, was das Zeug hergab – das war ein gelungener BILD-Einfall, und die deutschen Fernsehanstalten fielen prompt auf diese BILD-Regie herein. Daß dieser Besuch keine Tore einbrachte, auch keinen Sieg, kann man Boenisch kaum ankreiden.

Gelegentlich entsteht der Eindruck, als wenn der Bundeskanzler seinen Sprecher nicht so recht zu schätzen wüßte. Dann erscheinen in BILD kurze Kolumnen im Klageton. BILD hat da offenbar Sorgen, die ich insofern teile, als ich mich frage: Weiß denn der Bundeskanzler immer noch nicht, wen er sich da angelacht hat? Wie, durch welche Art Schreibe, sich Boenisch qualifiziert hat? Boenisch hat ja immer nur seine *Meinung* gesagt, und seine Meinung über Kohl war nicht sehr freundlich. Wenn Boenisch Tatsachen behauptete, fiel er gelegentlich rein. Er *meinte* immer nur, wußte fast nie, will und wollte wohl auch nichts wissen, darin ist er mit seinem langjährigen Herrn einig, der ja »Realitäten« verachtet, auch so eine umfangreiche Realität wie die DDR, der er die albernen Gänsefüßchen umhängen läßt, die inzwischen schon fast wie eine Bekränzung wirken, nicht Beerdigungs-, sondern Brautkranz. Sich blind zu stellen ist eben auch eine Art, Politik zu machen. Boenischs demagogische Taktik bestand darin, nur *seine Meinung* zu sagen, immer so, daß man dahinter Tatsachen *wittern* konnte, die er nicht beweisen mußte: etwa, daß Egon Bahr, wenn er stundenlang geheim mit Breschnew konferierte, natürlich Deutschland mal wieder »verriet«, wobei die Tatsache verschwiegen wurde, daß jeder einzelne Verhandlungspunkt ja noch vom Kabinett und Parlament genehmigt werden mußte – was konnte Bahr da schon »verraten«? Der Volksmund, der sich so oft täuscht, wenn er seinem »gesunden Volksempfinden« traut, behauptet ja, wo Rauch sei, wäre auch Feuer. Also: tüchtig Rauch aufsteigen lassen, da braucht einer das Feuer nicht vorzuzeigen. Das ist die Taktik eines Meinungsjournalisten, der so zum Meinungsmacher, zum Stimmungsmacher wird, ohne je eine Tatsache behauptet zu haben.

Nein, als Regierungssprecher ist er gut. »Einen bessern findst du nit.« Da sollte der Bundeskanzler mal besser auf BILD hören, sonst bekommt er noch Ärger. Und da spielt, was das Spieglein an der Wand sagt, keine geringe Rolle. Wer dem Auge mehr bietet als dem Ohr, hat Chancen; wir leben ja nun mal in BILD-Zeiten, werden reich beBILDert. Ob Boenisch schon am 9. April 1970 sich selbst als Regierungssprecher sah, als er über Bölling schrieb, was auf ihn selbst wohl passen könnte? »Und am Ende erscheint vor den besorgten Augen der Nation Klaus Bölling, mehr Chefvisagist als Chefsprecher der Regierung. Bölling, die Puderquaste des Kanzlers. Wenn er redet, duftet der Fernsehschirm; und mit treuem Augenaufschlag erklärt der schöne Mann, wie schön in

Ordnung alles sei. Man orientiert nicht mehr, man deodoriert. Eau de Bölling.«

Hackt da möglicherweise eine hübsche Krähe der möglicherweise noch hübscheren ein Auge aus? Oh, Spieglein an der Wand! Ihm, der die »Primitivos« verachtet und sie doch mit Primitivität gefüttert hat, ihm fehlte nur der »Krach« mit Springer, angeblicher Liberalität wegen; den Krach bekam er dann auch und, als er schon im Amt war, sogar »Krach« mit der CSU. Ihm fehlten ein paar Blessuren, Schmisse, die das Spieglein an der Wand wohlgefällig registrierte. Schmisse erhöhen, wenn einer gar zu hübsch ist, die Männlichkeit. Das sind dann so die Witze, die man uns anbietet und die die deutsche Publizistik auch noch schmunzeln machen.

Vor zwölf Jahren schrieb mir der damalige Justizminister von Nordrhein-Westfalen, Posser, es sei für ihn eine schreckliche Vorstellung, daß BILD mitregiere. Hat er den Schrecken inzwischen erkannt, jetzt, wo einem in den Nachrichten immer häufiger Verlautbarungen von Ministern in BILD und BILD am SONNTAG angekündigt werden? Ist BILD inzwischen Regierungszeitung oder auf dem Weg dahin? Muß ich mir diese Blättchen kaufen, wenn ich als Bürger mich informieren möchte, was die Regierung mir mitzuteilen wünscht? Großbritannien hat auch seine Knall- und Skandalblättchen, ich bezweifle aber, daß die britische Regierung etwa der SUN *exklusiv* ernsthafte Informationen geben würde. Ist es erlaubt, vom *Sittenverfall* zu sprechen? Was sagen die Stirnrunzler in den »seriösen« Zeitungen dazu? Niemand wird uns vor weiterem Verfall der publizistischen Sitten bewahren, niemand; auch nicht SPD-Politiker, die immer wieder beschissen, wenn nicht gar untertänig sich dem Hause Springer gegenüber verhalten haben. SPD-Politiker haben gelegentlich festgestellt, gegen BILD zu regieren, sei nicht möglich. Deshalb regiert Kohl *mit* BILD. Brandt, sogar Wehner entschuldigten sich eines Juso-Angriffs auf Springer wegen, sogar Wehner, eines der Hauptopfer der Springer-Schmier-Kampagne. Kein Zweifel, BILD hat gesiegt, trotz Müller, Wallraff, Staeck und anderen. Neulich gab Brandt wohl BILD am SONNTAG ein Interview, ließ sich mit seiner jungen Frau auf der Unkeler Rheinpromenade knipsen – und das nach der umfangreichen Anti-Springer-Aktion von Klaus Staeck. Nein, wir kommen nicht dagegen an, müssen die Seuche ertragen. Kein Politiker wird uns davon befreien.

Eines Tages wird sich vielleicht einer in die Archive vergraben, eine Liste der Opfer von BILD und Boenisch zusammenstellen, Opfer der Schlagzeilen und des Meinungsmulms dieser Schlagzeilenpistoleros, die Gewalt natürlich ablehnen, weil sie der Gewalt vertrauen können, die ihre Schlagzeilen sät. In diesem Mulm wird sogar der kreuzliberale Martin Bangemann zum gefährlichen Roten, Poullain zum Idealisten. »Wie schön, daß es unter Bankern noch solche Idealisten gibt.« (10. Oktober 1976 über Poullain) Na, da weiß die deutsche Jugend doch endlich, zu wem sie auf-, auf wen sie herabblicken muß. Gar nicht aufblicken sollte sie etwa zu Konrad Kraske, dem damaligen Generalsekretär der CDU: »Kraske, der muß schon als Baby alt gewesen sein.« Aufblicken soll man natürlich zu Franz Josef Strauß. »Also, seid ein bißchen lieb zu Franz-Josef. Der Mann wird noch gebraucht.« (11. Mai 1975) Ob Franz Josef wohl zu Peter auf- oder auf ihn herabblickt? Ich fürchte das letztere.

Ich habe mir erlaubt, den gesammelten Boenisch zu lesen; fast alles *von* ihm, einiges über ihn; das letztere – das *über* ihn – ist verblüffend uninteressant, fast nur, was das Spieglein an der Wand immer wieder wiederholt. Geschenkt.

Ich weiß auch, daß es ungerecht, fast unbarmherzig ist, die Artikel, die einer so im Laufe von Jahrzehnten dahingeschrieben hat, für die Stunde, den Tag, die Woche; daß es unbarmherzig ist, das nun hintereinander wie einen Roman oder ein Sachbuch zu lesen. Bei keinem anderen Regierungssprecher wäre ich auf die Idee gekommen, mochte der eine sich »konservativ« definieren, der andere liberal oder gar christlich. Dieter Stolze etwa hat ja auch Strauß favorisiert; er mag gelegentlich polemisch gewesen sein, das ist sein Recht, wie es ein Recht ist, Strauß zu favorisieren; demagogisch und schmierig war es nie. Ich wäre nie auf die Idee gekommen, seine Artikel, seine Meinung zu »kontrollieren«. Boenischs Rolle als Schreiber, als *Macher* eines Massenblattes war eine andere; seine Qualifikation war zu prüfen, die bei anderen Regierungssprechern zu prüfen nicht meine Sache gewesen wäre. Ich habe also so etwas wie den gesammelten Boenisch gelesen, knapp zweihundert Artikel meinem Gemüt zugemutet. Das Überraschende war die nieder-schmetternde Eintönigkeit, trotz all der »witzi-gen« Hopser, die mich dann doch an die Brause-würfel meiner Kindheit erinnerten: das schäumt auf, fällt rasch zusammen – und schmeckt, wenn man nach kurzer Täuschung den Gaumen ehr-lich befragt, abscheulich. Sich dieser Lektüre aus-zusetzen war notwendig, um den *Ton* zu erken-nen, der kaum je zur Melodie wird und als einzi-ges Instrument den Holzhammer kennt, den Schlagzeug zu nennen eine Beleidigung für alle Musiken und alle Musiker wäre. Da wird immer auf Menschen geschlagen. Die »flotte Schreibe« leiert aus, wird zu Masche und Mache, da ist nicht einmal ein Strickmuster zu erkennen, höchstens das Häkelmuster einer Zweitkläßlerin, die der Lehrerin ihren allerersten gehäkelten Topflappen zeigt. Der Ton – eben kein Muster, auch kein Kompositionsmuster –, der durchgehalten wird: Sozialismus ist schlecht, Sozialisten muß man mit Mißtrauen begegnen. *Ein* Ton eben. Ich frage mich, ob die »Primitivos« – seine Hauptkund-schaft – das wirklich genossen haben.

Immer und immer wieder eben nur das eine BILD-ceterum-Censeo: Bahr, Egon, auf den er es hauptsächlich abgesehen hatte; um den muß immer wieder Rauch aufsteigen, damit man das fürchterliche Verräter-Feuer *wittern* kann, das der in Moskau, Ostberlin und Warschau angefacht hat, denn Deutschland hat ja keinen Krieg ange-fangen und verloren, sondern es wird von den Sozialisten verraten, die ja ständig den Dolch im Gewande tragen; Wehner natürlich, dessen Vergangenheit ja voller »Rauch« ist; den Kissinger möchte er gern gegen Bahr tauschen, und ahnt in seiner hingehämmerten Plumpheit nicht, daß Kissinger – wäre seine Familie nicht ausgewandert – wohl nicht mehr lebte und keine Politik machen könnte.

Biedenkopf, obwohl doch eindeutig CDU, ist ihm dann doch zu intellektuell, deshalb wohl gefährlich, weil ja nun einmal feststeht, daß Intellektuelle durch ihre Kritik und ihre Skepsis alle Staaten kaputtmachen; auch Richard von Weizsäcker kommt nicht gut weg, zu liberal, gefährlich nahe am Intellektuellen; nicht einmal Kohl wird verschont, obwohl er doch ein Intellektueller nicht zu sein scheint. Weitere Gegenstände jahrzehntelanger Eintönigkeit: Autos, Fußball; merkwürdig, daß er nie über seinen Lieblingssport Golf schreibt; ist es etwa ehrenrührig, Golf zu spielen, oder ist es denn doch kein rechter Stammtischsport, über den seine »Primitivos« entsprechend klönen könnten?

Selbstverständlicher Dauergegenstand: alle Linken, wobei mit der starken Rechten ziemlich weit ausgeholt wird (bis Bangemann etwa); dazu ein Primitiv-Bonmotismus, in Meinungsmulm eingehüllt: »Nach vielen Jahren Merseburger ist Reklame für Cheeseburger eine willkommene Abwechslung«, und aus Maihofer wird Maikäfer. Die permanente Verharmlosung neonazistischer Aktivitäten ist da folgerichtig (Rudel, Peinlichkeiten deutscher Generale in Spanien, sogar symbolische Judenverbrennung werden hingenommen – was Springer dazu wohl gesagt hat?).

Gelegentlich auch auf »witzige« Weise ein bißchen, wenigstens ein bißchen Angst machen vor
der Möglichkeit, daß die Roten, die wirklich
Roten (nicht die SPD), die Macht übernehmen
könnten. »Eigentlich fehlt nur noch eins. Der
Köpcke muß auf Beschluß der Roten Zellen Russisch lernen. Der nette Köpcke kann nichts dafür,
die Verhältnisse sind eben so.« Das ist natürlich
»witzig«, das glaubt kaum einer, und doch: weiß
nicht gleichzeitig auch jeder, daß Funk und Fernsehen von Roten durchsetzt sind, fürchtet nicht
jeder, Ulrike Meinhof könnte Intendantin des
NDR werden, während doch gleichzeitig schon
während der ganzen Springerhetze die schlei-
chende Übernahme von Funk und Fernsehen
durch genehme, verängstigte Funktionäre einge-
leitet wurde? Das nenn' ich mir *Stimmung*
machen, Meinung verbreiten. Was da scheinbar
dem Volk vom Maul abgeschaut wird, ist in Wirklichkeit in jahrzehntelang geübter Hämmertech-
nik dem Volk ins Maul getrieben worden, eine
allumfassende Seuche, die Springergedanken-
seuche, die einzig wahre Form von »verführtem
Denken«.

Schaut man genau in die gesammelten Werke
des Peter Boenisch, kommt keiner gut weg, nur
einer genießt da uneingeschränkte Bewunderung: Es ist der, DER DA KOMMEN SOLL, und
bevor er nun wirklich kommt, müßte aber noch
ein richtiger, ein handfester Krach inszeniert werden, da müssen nicht nur ein paar Worte, auch
ein paar Fetzen fliegen, am besten vielleicht
sogar ein paar Fäuste; in irgendeinem Bierkeller

eine regelrechte Prügelei mit einem CSU-Mann, wie wär's mit Tandler?, gegen den Boenisch seine »Liberalität« verteidigt, vorübergehend erfolgreich?

Gelegentlich beschlich mich bei dieser umfangreichen Lektüre etwas wie Mitleid. Kann das letzten Endes Spaß machen, die eigene, die Muttersprache, immer nur als Schieß-, Nies- und Brausepulver zu benutzen? Immer nur Pistolero, immer nur daherreden wie in bestimmten und gewissen Zigaretten- und Bierreklamen? Da Boenisch unverkennbar ein paar clowneske Züge hat (Hauptgag: die Torte oder die Scheiße mitten ins Gesicht, Sprache zum Slapstick erniedrigt), könnte auch ihn eines Tages die clownübliche Melancholie befallen, und die könnte *echt* sein. Ist auch er am Ende nur ein »nützlicher Idiot« gewesen für Springer, für Strauß, auch für sich selbst? Und steht am Ende da, seiner frivolen Unbekümmertheit entkleidet, und weiß nur noch zu sagen: Ich hab's doch so gut gemeint? Es könnte ja sein, daß er wirklich zur Liberalität konvertiert und dann einsam dasteht: von der Linken verachtet, von der Rechten, für die er den nützlichen Idioten gemacht hat, allein gelassen? Man sieht Strauß nicht mehr mit dem Wienerwald-Menschen, dessen flotte Sprüche zur Wirtschaftspolitik, zum Selfmademan-Erfolg auch in den Wirtschaftsbeilagen nicht mehr zitiert werden. Fallenlassen, fallengelassen werden. Muß ich mich über die Schnödigkeit der Welt hier auslassen? Ja, Mitleid beschlich mich zeitweise, und es macht mir nichts aus, den ganzen primitiv-psychologischen Quatsch ad acta zu legen, den er gelegentlich über mich ausgeschieden hat. Geschenkt und in den Eimer damit, den Eimer dann in die Kanalisation geleert. Weg damit. Bei genauerer Betrachtung der Kolumnen, in denen erwähnt zu werden ich die Ehre habe, fällt mir sogar auf, daß ich besser wegkomme als die meisten CDU-Politiker: möglich, daß das alles versteckte, manchmal sogar offene Schmeicheleien sind. Es bedurfte nicht des Rates zuverlässiger Freunde, alle Artikel unerwähnt zu lassen, in denen mir die Ehre zuteil wird. Ich bin *nicht* der Meinung, daß ein *Betroffener* sich nicht über den *Betreffenden* zu äußern habe; dieser bourgeoise Anankasmus ist mir immer wie ein Luxus ganz feiner Leute vorgekommen. Das einzige, was mir an Gunter Sachs je imponiert hat, war die Anzeige, in der er sich von Springer distanzierte, nachdem in einem Springermedium eine widerwärtige Notiz über seinen tödlich verunglückten Bruder erschienen war. Das war eine *gesellschaftliche* Konsequenz, die mir wie eine zeitgemäße Form des Duells erschien. Ich habe als Person keinen Grund, Boenisch zum Duell zu fordern. Ich wußte, was ich tat, als ich mich mit der Springer-Presse einließ. So habe ich nur einen Artikel in diese Auswahl aufgenommen, der nicht mich, aber meine Familie betraf, die oft genug direkt und indirekt vom Meinungsmulm betroffen war. Diesen Artikel vom 9. Oktober 1977 nehme ich in die Sammlung auf und kommentiere ihn dort, wo er abgedruckt ist, als Beweis dafür, wie wenig sich

Boenisch um *Tatsachen* kümmert, wenn er unbekümmert seine Meinung loswerden will.

Die Auswahl fiel schwer. Wieviel Papier sollten wir auf dieses Projekt verwenden? Wieviel davon wäre verschwendet? Nicht nur im ökonomischen, auch im ökologischen Sinn. Wie viele Bäume mußten gefällt werden, um B.'s Meinungen zigmillionenfach unters Volk zu bringen – und nun sollten wir uns noch einmal an den Bäumen vergreifen? Ach, wäre er doch bei Springer geblieben, es gibt doch andere einschlägige Medien genug. Mußte er denn wirklich Mitglied einer Regierung der Bundesrepublik Deutschland werden? Es gibt doch auch in England, Frankreich, den USA, sogar in der Schweiz eine Piff-Paff-Puff-Presse.

Es wird noch witziger werden, wenn er eines Tages in einer Pressekonferenz jenes Gesetzesvorhaben vorstellen und verteidigen muß, das Vor-Verurteilung verbieten will. Ob der Bundesregierung klar ist, daß sie damit an die Existenzgrundlage von BILD herangeht? Will sie ein ihr so wohlgefälliges und auch gefälliges Organ wirklich schädigen? Vielleicht paßt Herr Engelhard diesmal besser auf und läßt sich die Blamage nicht von Herrn Geißler vor der Nase wegschnappen.

Ich weiß auch, und das sollte mir zur Warnung dienen: Wenn ein Haruspex den anderen sieht, lächelt er. Ich bin keiner, obwohl ich tief in die Eingeweide hineingegriffen und sie beschaut habe.

Es liegt mir daran, *ausdrücklich* festzustellen, daß hier kein Verdikt über alle Springer-, auch nicht über alle BILD-Journalisten gesprochen werden soll. Sie mögen ihre Meinungen haben, sie ausdrücken. Ich kann nicht ermessen, welchem Druck, welchen Zwängen sie möglicherweise unterliegen, *Sach*zwängen oder persönlichen und ökonomischen Zwängen. Mancher Springer-Journalist, wie etwa der verstorbene Ernst-Ulrich Fromm, war mein Vertrauter, fast ein Freund, der in heiklen Angelegenheiten hilfreich war, und ich weiß auch von ihm, daß er, wenn er über meine Moskau-Aufenthalte berichtete, alles gestrichen bekam, was mich auch nur andeutungsweise in ein »positives Licht« hätte setzen können. Ich denke, daß diese Zeit der Albernheiten vorbei ist, ganz gewiß jetzt, wo doch Strauß mit Moskau sanfter umgeht, als ich es je tat.

Boenisch hat BILD zu dem gemacht, was es ist. Ich kann mir denken, daß seine unbekümmerte Rotzigkeit nicht all seinen Mitarbeitern gepaßt hat, daß manch einer zähneknirschend ein- und umschwenken mußte.

Ich überlasse es anderen, Sprach- und Sprachsinnforschern, etwa zwei, drei Boenisch-Kolumnen einmal Wort für Wort, Satz für Satz unter die Lupe zu nehmen und dann die Regierungserklärung bei Kohls Amtsantritt sorgfältig aufs Vokabularium hin zu untersuchen. Sie brauchen nicht zweihundert zu lesen: man braucht nur hineinzugreifen, man erwischt ihn immer! Ich kann nur *durchgehen,* da und dort einen Satz herausgreifen, die politische Tendenz zu analysieren versuchen und versuchen, Boenischs »Weltbild« zu ergründen.

Wenn diese Publikation auch nur einen Sprachforscher dazu anregt, hat sie ihren Zweck erfüllt.

Es lohnt sich schon, eine solche Kolumne einmal *genau* zu lesen. Sie enthält fast alles, was in den Kolumnen, die man nicht alle zu lesen braucht, den *Ton* angibt. Ihr Kern ist eine Erlebnis-Anekdote: »Ich warte auf dem grauenvollen neuen Frankfurter Flughafen auf den Start des Lufthansa-Fluges 771 nach Hamburg. Es ist 21.05 Uhr. Wochenende. Ein paar besoffene Fußballfans grölen glücklich über irgendeinen Sieg. Ist dies das letzte Aufgebot germanischer Lebensfreude?« Der letzte Satz gehört schon nicht mehr in den anekdotischen Kern, mit ihm wird schon die *Meinung* weiter »vertieft«, die im Anfangssatz ange*stimmt* wird: »Wanderer, kommst du nach Deutschland, sage *du* habest uns muffeln gesehen, wie die *Linke* (Hervorhebung von mir) befahl.« Bevor die Anekdote (nehmen wir sie getrost für wahr) ausgepackt wird (sieben Zeilen), kommen ein paar Gedanken, die, wäre die blödsinnige Tonangabe (»wie die Linke befahl«) nicht, nachdenkenswert wären: »Obwohl die draußen mehr Sorgen haben als wir, machen wir uns mehr«, und: »Obwohl die in der Ferne in einem Elend leben, das wir seit Generationen nicht mehr kennen (vielleicht möchte man da verbessern: seit *einer* Generation), wirken wir muffiger, unzufriedener, lustloser.« Das stimmt ja, und es wäre wahrhaft einer ganzen Serie von Kolumnen würdig, sich darüber Gedanken zu machen, warum das wohl so ist. Ich weiß die Antwort nicht, immer wieder fragen mich ausländische Freunde und Besucher, bitten um eine Erklärung. Ich kann das Phänomen nur bestätigen. Ein italienischer Freund, der mich vor Jahren besuchte, zu einer Zeit, da Italien geradezu vom Terrorismus geschüttelt wurde, während hier einigermaßen Ruhe herrschte, sagte mir, auf dem Frankfurter Flughafen habe er gefröstelt und wäre am liebsten sofort in das terrorgeschüttelte Italien zurückgeflogen.

Versuchsweise biete ich gelegentlich Erklärungen an: daß die Deutschen möglicherweise *sicherheitskrank* seien; daß sie eher Angst vor dem »Wohlstand« hätten als Freude an ihm, weil sie sich seiner eben nicht ganz *sicher* seien, verständlich bei einem Volk, das fast immer arm war. Andeutungen, Versuche, ein wahrhaft erstaunliches und bedrückendes Phänomen zu erklären. Es kann doch nicht sein, daß die notorisch arbeitsfreudigen Deutschen, aus dem Urlaub heimkehrend, so freudlos die heimatlichen Grenzen überschreiten, weil sie mißmutig ihrer Arbeit entgegensehen? Ich weiß nicht, ob es inzwischen einleuchtende Analysen dieses Phänomens gibt. Boenischs Erklärung ist so einfach, daß es einem den Atem verschlägt: *Die Linke befiehlt Unlust, und die Deutschen gehorchen der Linken!* Da klingt die von Helmut Kohl inzwischen fast verordnete Pflicht zur Lebensfreude schon an (aber seltsamerweise gehorchen die Deutschen dieser Verordnung nicht: so tief sitzt ihnen der Befehl zur Unlust, den die Linken ausgesprochen haben, noch heute in den Knochen! Lassen wir der christlich-liberalen Koalition noch ein paar Jahre Zeit, diese linke Muffelpflicht auszurotten).

Damals, im Jahre 1972, beherrschten ja Linke unser geplagtes Vaterland, vor allem Scheel, dessen strahlende Lebensfreude, dessen »rheinischer Frohsinn« gelegentlich peinlich wirkten. Und was war mit Brandt, unter dem das Palais Schaumburg zum »Palais Schaumbad« wurde? Was waren das für Linke, die das »Muffeln« befahlen, und alle, alle gehorchten? Waren es möglicherweise die Terroristen, die die Herrschaft übernommen hatten? Wahrscheinlich. Gab es denn nicht die Springer-, die Burda- und die Bauer-Medien, Fernsehen, Kino, Bums jeglicher Art? Nein: die Linke befahl und wir muffelten. Die Radikalen hatten die »psychische Umweltverschmutzung« bewirkt, oder ob da gar die Umweltverschmutzung anfing, auf die Gemüter zu wirken? Und woran ließ sich die von Linken befohlene schlechte Laune aus? Ausgerechnet an ein paar besoffenen, glücklichen Fußballfans, die da grölten und ein bißchen Rabbatz machten. Es ist wirklich eine Schande, wie weit der Einfluß der Linken schon gediehen war. Ich nehme an, daß die Fluggäste da in Frankfurt alle »konkret« lasen, nicht die Fröhlichkeit verbreitende BILD-Zeitung. »Schlecht gelaunt und mit spießiger Würde beschweren sich Mitreisende über den Lärm.« Nun kann man sich ja von grölenden, besoffenen

Fußballfans entfernen, wenn sie einem auf der Straße oder in einem Lokal über den Weg kommen. In einem Flugzeug, denke ich, ist das schwieriger, und was so ein Besoffener, von Bier und Schnaps in seiner mutigen Männlichkeit bestärkt, in einem Flugzeug anrichten könnte, gemütlich ist das nicht, und da entdecke ich in mir auch einen »Spießer«, wenn ich mir vorstelle, daß so ein Männlichkeitstrunkener plötzlich mit der Pulle in der Hand ins Cockpit stürzte und den Helden markieren möchte? Und ob diese so mißachteten »Mitreisenden« möglicherweise gar nicht »konkret«-, sondern regelmäßige BILD-Leser waren, die fürchten mußten, die Besoffenen könnten als Trunkene getarnte Terroristen sein? Nein, es ist diese Linke, die befiehlt. »Die gleichen Bürger, die mit unbekümmerter Freude so unduldsam umgehen, verzeihen jeden fanatischen Protest. Ganz gleich, was dabei in Scherben geht. Gibt es die schweigende Mehrheit noch, von der soviel gefaselt wird? Oder ist es eine feige Mehrheit, die sich der ständig meckernden und nörgelnden Minderheit beugt (...)?« Geschrieben ist das im Jahre 1972. Wahrscheinlich erinnern sich noch einige Zeitgenossen daran, wie sehr die Linke schon damals die schweigende Mehrheit beherrschte. Begeistert und jubelnd standen die Volksmassen an den Straßenrändern, wenn eine Demonstration vorbeizog. Die Polizei hatte Mühe, gegen Demonstranten vorzugehen, weil die begeisterte Menge deutscher »Spießer« sie daran hinderte. In diesem Jahr 1972, als BILD seinen demagogischen Höhepunkt erreichte, war die »schweigende Mehrheit« längst zur radikalen Linken übergegangen!

Es ist schon irre, was einem in einer solchen Kolumne zugemutet wird. Die Linke hatte ja auch im Jahre 1972 – »Deutschland vor, noch ein Tor!« – die allerheiligste Fußballkugel längst ihrer Göttlichkeit beraubt. Wen konnte es da wundern, wenn die Spießer ein paar »besoffene Fußballfans« bekrittelten und denen ihre »unbekümmerte Freude« nicht gönnten. Hatte doch im Jahr 1972 Rudi Dutschke längst über Franz Beckenbauer gesiegt und Ulrike Meinhof über Elisabeth Noelle-Neumann. Es ist soweit: *Die Linke hat die Herrschaft übernommen!* Der stets so fröhliche Scheel, dieser echte Rheinländer, der Brandt in seinem »Palais Schaumbad«, sie sind die Marionetten von »konkret«: deshalb muffeln wir Deutschen, deshalb wird unbekümmerten Fußballfreunden ihre reine Freude nicht gegönnt. Kurz gesagt: wir waren verloren.

Inzwischen, zwölf Jahre später, wüßten die Polizeipräsidenten, auch die Gerichte, einiges zu berichten über die »unbekümmerte Freude« von Fußballfans. Gelegentlich fließt da Blut, nicht nur aus Nasen. Längst, zwölf Jahre später, herrschen wieder die Fröhlichen über die Muffler, die »schweigende Mehrheit« ist ganz besoffen vor Lebensfreude. Zum Glück ist Deutschland noch nicht untergegangen. Am Schluß dieser haarsträubenden Kolumne muß dann noch ein Linker dran glauben, der gar keiner ist: Ehmke, der »familiär leidgeprüfte«, wobei nicht klar wird, ob seine Familie oder Ehmke »leidgeprüft« ist. Leidgeprüft sind da wirklich die Geheimdienste, weil ihr Vorgesetzter »ein Mädchen aus Osteuropa« heiraten will, denn so leidgeprüft kann Ehmke, einer der »Lebensfreudigsten«, ja wohl nicht sein. Es wird zwar immer wieder gesagt, man solle sich um Familien- und »Bett«-Geschichten von Politikern nicht kümmern, aber bei einem Linken, der nicht einmal einer ist, der »ein Mädchen aus Osteuropa« heiraten will, muß man die Diskretion – weil das Wohl des Vaterlandes auf dem Spiel steht – wohl fallenlassen und muß einen ganz, ganz feinen Hinweis auf die Unzuverlässigkeit der Sozialdemokraten einfließen lassen.

Aber ganz so schlimm ist dann doch alles wieder nicht, denn: »Über die vielen Ostergrüße habe ich mich sehr gefreut. Es tut einem Kolumnisten gut, im Urlaub zu hören, daß doch mancher Leser seine Artikel vermißt. Dankeschön.« Na, also. Da *freut* sich doch wenigstens der Kolumnist, nicht alle Deutschen sind dem von der Linken befohlenen Muffeln verfallen. Wenn *einer* sich noch freuen kann, ist noch nicht alles verloren. Zwar wächst der Bart von Karl Marx, wächst und wächst, »und leider nicht nur am Kinn der jungen Leute, sondern auch in ihrem Gehirn«, und die »Radikalinskis stehen keineswegs zähneknirschend daneben, sondern mittendrin und vornean« – aber wenn man's genau überlegt, müßte der Bart, der in den Gehirnen weiterwächst, ja doch Trost bieten: ein bartdurchwachsenes Gehirn, sozusagen vom Barttumor befallen, kann kaum noch Schaden anrichten. Ich frag' mich nur, ob seine betrübte Seele *diesen* Trost wahrgenommen hat?

Peter Boenisch

## „Wie eine Dunstglocke liegt die schlechte Laune der Radikalen über uns"

# Der Bart ist leider nicht ab

**W**anderer, kommst du nach Deutschland, sage, du habest uns muffeln gesehen, wie die Linke befahl..."

Sicher ist es Ihnen, lieber Leser, schon genauso gegangen wie mir: Man kommt aus wärmeren und ärmeren Gegenden nach Hause und wird begrüßt von den Wolken am Himmel und — was schlimmer ist — von den bewölkten Gesichtern.

Obwohl die draußen mehr Sorgen haben als wir, machen wir uns mehr. Obwohl die in der Ferne in einem Elend leben, das wir seit Generationen nicht mehr kennen, wirken wir muffiger, unzufriedener und lustloser.

Es scheint auch eine psychische Umweltverschmutzung zu geben. Wie eine Dunstglocke liegt die schlechte Laune der Radikalen über jeder Industrienation, und uns — „Deutschland vor, noch ein Tor!" — hat es natürlich besonders schlimm erwischt.

**I**ch warte auf dem grauenvollen neuen Frankfurter Flughafen auf den Start des Lufthansa-Fluges 771 nach Hamburg. Es ist 21.05 Uhr. Wochenende. Ein paar besoffene Fußballfans grölen glücklich über irgendeinen Sieg. Ist dies das letzte Aufgebot germanischer Lebensfreude?

Schlecht gelaunt und mit

BILD am SONNTAG, 16. 4. 1972

spießiger Würde beschweren sich Mitreisende über den Lärm. Ein Lufthansa-Mensch sabbelt ein paar Entschuldigungen vor sich hin und versucht, die Promillefans auf Zimmerlautstärke einzupegeln. Noch zwei Minuten ist die Kraft des Alkohols stärker als der Respekt vor der Uniform. Tätärä, tätärä.

Der Beschwerdeführer sagt zu mir: „Man darf sich solche Randaliererei doch nicht gefallen lassen." Ob er sich wohl auch nicht gefallen läßt, wenn unter irgendeinem politischen Vorwand auf der Straße randaliert wird?

**Die gleichen Bürger, die mit unbekümmerter Freude so unduldsam umgehen, verzeihen jeden fanatischen Protest. Ganz gleich, was dabei in Scherben geht.**

Gibt es die schweigende Mehrheit noch, von der soviel gefaselt wird? Oder ist es eine feige Mehrheit, die sich der ständig meckernden und nörgelnden Minderheit beugt:

● **Unsere Ärzte sind das Letzte** ● **Unsere Krankenhäuser das Allerletzte** ● **Unsere Kindergärten das Vorletzte** ● **Unsere Autobahnen zu gerade** ● **unsere Landstraßen zu krumm.**

Hält das Ausland unsere Autos für besonders zuverlässig, halten wir sie für beschissen. Gestern „Siegheil" und heute „alles Scheiße".

**Hätten wir das eine weniger bejubelt, und würden wir das andere weniger oft sagen und beides weniger glauben, dann lebte es sich angenehmer in diesem Land.**

**D**aß die Radikalen unsere Gesellschaftsform mies machen, ist logisch, sonst

hätten sie keinen Grund sie zu ändern. Aber warum haben diese Miesmacher auch dann noch schlechte Laune, wenn es ihnen gelingt, uns an der Nase herumzuführen? Sie müßten sich doch eigentlich ins Fäustchen und uns ins Gesicht lachen.

Oder ist es etwa kein Erfolg, in München den populären Herrn Vogel und in Bremen den gemäßigten Herrn Koschnik als Trojanische Pferde zu mißbrauchen, um dann nach bequemem Transport herauszukrabbeln und die Macht zu übernehmen? Ist es etwa kein Erfolg, wenn die unbekannten roten Ameisen ihre eigenen Götter stürzen?

Ist es kein Erfolg, wenn die Gewaltverbrechen verharmlost und die politischen Verbrecher verhätschelt werden und die Regierung bestenfalls vor Wahlen aus einer Kaumfahndung eine Großfahndung macht?

Ist es etwa kein Erfolg, die von den Radikalen so zärtlich geliebte BILD-Zeitung hinters Licht geführt zu haben? BILD schrieb:

> „Ein Rückfall der SPD in die alten Parolen des Klassenkampfes ist kaum noch vorstellbar. Der Bart von Karl Marx ist ab. Die Radikalinskis in einigen Gewerkschaften und auf der linken Seite der SPD stehen zähneknirschend daneben."

Ich war verantwortlich für diesen Irrtum, diese Fehldiagnose. Also habe ich auch heute zu bekennen:

**Die Radikalinskis stehen keineswegs zähneknirschend daneben, sondern mittendrin und vornean. Und der Bart von Karl Marx wächst und wächst.**

BILD am SONNTAG, 16. 4. 1972

**Und leider nicht nur am Kinn der jungen Leute, sondern auch in ihrem Gehirn.**

Bei steigenden Preisen und steigenden Steuern zahlen wir die Zeche ihrer Träume.

Noch nie gab es soviel kommunistische Zellen in unseren Betrieben. Noch nie hetzten so viele Betriebszeitungen die Arbeiter auf. Und nie zuvor gab es in der Bundesrepublik so viele Anhänger revolutionärer Gewalt in Ämtern und Schulen wie heute.

**Ist das alles kein Erfolg der Radikalen?**

Der Kanzler wehrt sich n~ gegen die CDU. Wehner wehrt sich gegen alle, nur nicht gegen die Linke. Den tüchtigen Verteidigungsminister hat man satt und krank gemacht. Der anständige Leber wird aufgefressen von den Sorgen um Bahn und Post. Der einst so quirlige Schiller dreht sich nur

noch müde um sich selbst und ist erstaunt, daß er noch Minister ist. Und der familiär leidgeprüfte Ehmke ist gerade mit seiner Scheidung beschäftigt. (Er ist offenbar so sehr ein Anhänger der Ostpolitik Brandts, daß er zur Freude des ihm unterstehenden Geheimdienstes ein Mädchen aus Osteuropa heiraten will).

Nun lächelt mal ein bißchen, ihr Linkslinken. Freut euch eurer Siege! Ihr müßt sie ja nicht lautstark begießen wie die Fußballfans. Sonst merken es die Bürger womöglich do~ noch ...

PS: Über die vielen Ostergrüße habe ich mich sehr gefreut. Es tut einem Kolumnisten gut, im Urlaub zu hören, daß doch mancher Leser seine Artikel vermißt. Dankeschön.

Spätestens um die Zeit wußten wir doch alle
schon, daß die Sozialdemokraten unser Unglück
waren, weiteres Unglück bringen würden, weil –
wie diese Kolumne anzudeuten scheint – die
Wahl Wolfgang Roths zum Bundeskanzler kurz
bevorstand. Die freien Demokraten, allen voran
Scheel, hatten den Stimmzettel schon gezückt,
um diesen roten »Spinner« an die Spitze zu hie-
ven. Längst wußten wir auch, daß man das *freie
Spiel* des *Geldes,* die Banken, nicht beunruhigen
darf. Sich nur keine Gedanken machen! Das läuft
schon von selbst. Wozu da Theorien entwickeln?
Laufen lassen und führen, »wohin du nicht
willst«. Inzwischen, elf Jahre später, wissen wir es
noch besser: Es ist doch alles gut gelaufen. Mehr
als die Hälfte Südamerikas strahlt unter der Bräu-
nungssonne der Chicago-Boys, die allenthalben
ihre Studios eröffnen. Sich nur keine Gedanken
machen. »Die« – wer? – machen das schon, und
die kaum noch zählbaren Nullen kullern um die
Kontinente herum wie die netten Bläschen bei
einem Schaumbad. Eine durch und durch woh-
lige Sache ist das mit dem Geld und mit den Banken.

Die witzigen Reste geschenkt: etwa, daß Onassis sich nicht an sozialistische Ratschläge halten

würde; Frau Breschnew Königin von England, Allende Präsident der USA und so weiter. Mag sein, daß es Leute gibt, die drüber lachen, etwa mit Witzen nicht verwöhnte Hausfrauen auf ihren Nachmittagsausflügen, denen eingehämmert worden ist, daß fröhliches Wiehern Humor sei. Schade. Traurig und doch: ich möchte ihnen den geringen Spaß, den sie haben, nicht verderben. Möglich, daß sie so wenig zu lachen haben, daß man ihnen diese Art Scherze lassen muß, denn da unten, im PS, wo er meistens das wichtigere sagt, da kommt ja der Hammer auf die »kleinen Leute«, die ihm möglicherweise so wohlgefällig zuhören. Da wird der »kleine Mann«, um dessen Maul doch der Honig geschmiert werden soll, in der Person des Wolfgang Roth gehörig verhöhnt. »Spießig und langweilig« ist es, wenn einer da seine Wohnung möchte bezahlen können. Seine *Wohnung,* nicht sein *Haus,* und *ein* Kind möchte da einer haben, ein bißchen Auslauf, *eine* Reise im Jahr. Mein Gott, was sind diese langweiligen Spießer doch bescheiden. »Zwei Reisen, zwei Kinder, ein Haus, ein Hobby und ein bißchen gespartes Geld (noch dazu) – das ist wohl schon zuviel für euer Paradies der roten Zellen.« Wie verächtlich ist es doch, wenn einer *nur* seine Wohnung möchte bezahlen können, nur ein Kind haben und nur eine Reise machen möchte.

Und doch sind diese roten Spinner *auch* Traumtänzer. Wie paßt das zusammen bei so bescheidenen Träumen? Es paßt nicht zusammen, nichts paßt bei Boenisch zusammen. Der Hohn auf die, die sich nicht Haus, Hobby, zwei

Kinder, zwei Reisen wünschen, läßt die Frage nicht zu, woher sie wohl das Geld dafür nehmen könnten, und verflucht, warum wünschen sich diese miesen Spießer nicht auch noch eine Segeljacht! Vorsicht. Verbirgt sich hinter diesem Hohn gar eine versteckte Aufforderung zum Klassenkampf, zum Aufruhr?

Inzwischen weiß manch einer nicht mehr, wie er seine Miete bezahlen soll, wäre froh, wenn er die *eine* Reise mit *einem* Kind noch machen könnte. Aber natürlich: das sind immer noch die Folgen der Erblast, die ja langsam abgetragen wird, auch, wenn da einer sein Haus, zu dem er sich ermutigen ließ, verkaufen muß. Bald werden die Träume wieder möglich: *zwei* Reisen, zwei Kinder, Haus, Hobby – und am Horizont schwimmt sie schon vorbei: die Segeljacht, und außerdem gibt's ja auch noch Fußballspiele, über die man sich unbekümmert freuen darf. Nur nicht den Mut verlieren, den diese »roten Spinner« damals schon dämpfen wollten. Lacht, ihr guten Hausfrauen, lacht über den Hohn, der euch gilt.

**Peter Boenisch**

# Meine Meinung

# Eher wird Frau Breschnew Königin von England

E igentlich ein ganz netter Typ", sagte ein Bürger und meinte den Juso-Vorsitzenden Wolfgang Roth (32). „Ein schwacher Redner", meinte Bürger Nr. 2. „Der sieht nicht aus wie ein Kommunist", sagte Nr. 3. „Wie sehen denn Kommunisten aus?", fragte Nr. 4. „Außerdem ist er keiner. „Ja, was ist er denn eigentlich?"

Wolfgang Roth, Sohn eines Postsekretärs, Sozialist aus Überzeugung, die Säge der SPD und für manchen führenden Genossen die führende Nervensäge, ist ein Juso. Jusos sind automatisch alle SPD-Genossen bis 35. Davon gibt es etwa 250 000. Richtig aktiv sind nur ca. 30 000. Nur diese zwei Sturmdivisionen denken so oder ähnlich wie ihr alternder Junggeneral.

Mehr fanatisch als zahlreich, mehr heißig als kräftig. Sind sie dennoch schon so mächtig, Päpste wie Wehner und Denkmäler wie Brandt ins Wanken zu bringen. Bisher nur zum Schaden und nicht zum Vorteil der SPD.

D ie „Doppelstrategie" der Jusos treibt erst einmal dem „Doppelmord" an Brandt und Wehner entgegen. Zu dumm, um wahr zu sein.

Oder anders gesagt: Die beste Waffe der CDU sind die Jusos.

Mit abgebrochener Speerspitze und durcheinanderlaufenden Offizieren erlebt die CDU das unverdiente Wunder, bei den Siegern den Giftbecher kreisen zu sehen.

Todesmut aus Übermut? Wohl kaum. Hier geht es um fundamentale Unterschiede zwischen radikalem Jungvolk und normalem Parteivolk.

**❶ Energie und Öl**

Die eigene Kohle und das eigene Öl wollen manche Sozialisten verstaatlichen. Auch manche Sozialdemokraten. Aber den Jusos genügt das nicht. Auf die Frage der Zeitschrift „Playboy": „Sie wollen auch die Ausländer Esso und BP verstaatlichen?", antwortet der Rotboy kurz und bündig: „Sicherlich, ja."

H ier würde also dem Volk nicht etwa gegeben, was ihm gehört, sondern was ihm n i c h t gehört. Was ein deutscher Roth macht, macht er knallrot. Germanen-Allende Mao-Siegfried, Castro in blond, eine sozialistische Imitation, die Politik mit Klauen verwechselt.

Das ist nicht das Ziel deutscher Sozialdemokratie, war es nie und wird es hoffentlich nie werden.

**❷ Banken und Gold**

Roth zum „Playboy": „Die Großbanken in der Bundesrepublik müssen verstaatlicht werden."

Also entweder ihr macht nun eine Weltrevolution oder ihr macht keine Alle Großbanken in aller Welt zu verstaatlichen, mag ein revolutionäres Ziel sein. Sich aber als einer der größ-

BILD am SONNTAG, 1. 4. 1973

ten Industriestaaten und Welthan-
delspartner national zu verstaatlichen, ist keine Revolution, sondern
Selbstkastration.

So wird ein Stier zum Ochsen, die
begehrte Goldmark zur ge-
schmähten Rubelmark.

Selbst Rußland und China suchen
heute Zugang zu den internationalen
privaten „money-pools". Während
also die verstaatlichten Banken die
'und aufhalten, sollen wir sie zur Faust
ballen. So lange bis nichts mehr rein-
kommt — ausgenommen der Schweiß
der eigenen Hand.

**Das ist mehr Provinzialismus als So-
zialismus. Neo-Nationalsozialismus.
Mehr Nazi als Juso. Und das sollen
antifaschistische · Sozialdemokraten
wollen?**

**❸ Lohn und Verdienst**

Roth sagt: „Das Mindesteinkommen
soll 1975 bei 1000 Mark netto liegen.
Und das Höchste bei 10 000 Mark."
Schön, wenn jeder 1000 Mark auf der
Hand hat. Und ganz ulkig, daß die
Reichsten der Reichen nur zehnmal so
viel verdienen sollen. Nur: Onassis
wird sich nicht daran halten. Und unsere hausgemachten Onassisten werden den Sozialisten aus dem Wege
gehn. Auf diese Weise sorgen die Jusos für eine blühende Schweiz. Der
Schweizer Bankenverein sollte ihnen
eine großzügige Spende überweisen.

Abgesehen davon: Die Annäherung
von Zahlen sorgt noch lange nicht für
soziale Gerechtigkeit. Bei Skirennen
— und nicht nur dort — gewinnt man
heute mit hundertstel Sekunden. Die
Phantasie des Menschen ist uner-
schöpflich, auch bei gleichen Chancen, gleichen Leistungen und fast
gleichen Zahlen immer wieder Unterschiede zu finden.

Roth glaubt: Der Mensch ist in der
Tat ein soziales und kein egoistisches
Wesen. Wie sozialromantisch. Leider
lehrt die Lebenserfahrung gerade in
der Politik und auch in der SPD das
Gegenteil: Der Mensch, auch der soziale, ist in der Tat ein egoistisches Wesen.

Und der Genosse, der das nicht
glauben will, der frage mal in einer
stillen Stunde die werten Freunde
Brandt, Wehner, Schmidt, Eppler und
Vogel. Oder die lieben Gegner Barzel, Strauß, Stoltenberg und Kohl.

Was wird die SPD nun tun? Den Jusos endlich den Marsch blasen oder
sich von ihnen die Wähler verblasen
lassen?

Ein Gutes hat die Sache: Taubstel-
len kann sich bei diesen schrillen
Schalmeienklängen — Amis raus, Esso
raus, Geld raus — keiner mehr.

*PS:* *Roth sagt, er möchte nur seine
Wohnung bezahlen können.
„Mit einem gewissen Auslauf,
daß ich ein Kind in der Familie unterhalten und eine Reise pro Jahr machen kann. Einfamilienhaus und Spar-
kapital will er nicht.*

*- Oh, was seid ihr langweilig und
spießig, ihr roten Mönche. Zwei Reisen, zwei Kinder, ein Haus, ein Hobby und ein bißchen gespartes Geld —
das ist wohl schon zuviel für euer Paradies der roten Zellen?*

*Was seid ihr doch für Spinner und
Traumtänzer. Bevor eure Träume reifen, muß Allende Präsident von Amerika werden, Frau Breschnew Königin
von England, Mao Kaiser der Franzosen und Dubcek Erster Sekretär der
KPdSU.*

# BILD am SONNTAG,
## 7. 7. 1974 und 11. 6. 1978

Eins ist sicher, und das ist doch ein Trost, wo die ganze Bundesrepublik unter dem Diktat der Linken muffelt: »Unsere Frauen sind besser als ihr Ruf.« Deutschland ist noch lange nicht verloren, solange »unsere Frauen« »unsere Mannschaft« zu schätzen wissen. Mein Gott, ist das nett und tröstlich, wie da »unsere Frauen« – es waren derer drei! – unter ihren »brummenden Heißlufthelmen« sitzen und den Beckenbauer bewundern. Ich habe keine Ahnung, in wieviel Frisiersalons – inzwischen heißen sie wohl »Studios«, bezeichnen ihre Tätigkeit als »hairstyling« – Fernsehapparate stehen. In manchen gibt's inzwischen Kaffee, haufenweise Illustrierte gab's immer, und immer noch riecht es nach erhitztem Haar. Wenn da ein Herr auftauchte – den Meister selbst natürlich ausgenommen –, herrschte immer eine gewisse Verlegenheit: so sehr gern haben es die Frauen ja nicht, wenn einer zusieht, auf welche Weise und unter welchen Strapazen sie sich verschönern lassen. *Drei* davon, und deren Fußballbegeisterung hat Herr Boenisch also erwischt – vielleicht war's eine notgedrungene Begeisterung, weil der Meister das Spiel nicht verpassen wollte und den Kasten in den Salon stellte? Wer weiß? – Diese drei Frauen machen ihm so recht das Herz froh. »Und das ist eigentlich der schönste Sieg dieser Weltmeisterschaft.« Da gibt es aber dann die verfluchte Statistik, die behauptet, nur jede fünfte Frau interessiere sich »ein bißchen für Sport«. Hat die Statistik etwa die Frauen in schlechten Ruf gebracht? Wenn jede fünfte der schätzungsweise 30 Millionen Frauen sich »ein bißchen für Sport« interessiert, dann wären das sechs Millionen weibliche Wesen. Nun ist »ein bißchen« nicht viel, es ist eben nur »ein bißchen«, und die Frage, wieviel von den ermittelten sechs Millionen sich möglicherweise mehr als ein bißchen für Sport interessieren, bleibt offen; offen bleibt auch, wieviel davon sich für den einen Sport interessieren, der da Fußball heißt. Miese Statistik, die diesen *drei* Frauen den Sieg nehmen will. Doch da gibt's einen Ausweg. Zwar wird da gesagt: »Sicher stimmt die Statistik« – dann aber im nächsten Satz: »Aber wie fast jede Statistik so lügt auch diese.« Stimmt die Statistik oder lügt sie? Da soll einer schlau draus werden, mag er nun statistikgläubig sein oder nicht. Nein, diese drei Frauen, die da in Berlin unter der Haube sitzen und Beckenbauer bewundern, müssen *die* deutschen Frauen sein, das muß die verfluchte Statistik sich schon gefallen lassen, und so heißt es dann später ja auch: »Ein Hoch auf die Damen – nicht nur auf die drei beim Friseur.« Hoch also, ihr dreißig – oder wieviel – Millionen weibliche Wesen: Ihr habt den Fußball entdeckt. Wart auch Ihr gerührt über die »Mohrenköpfe« aus Haiti, die da so freudig oder bitterlich weinten? Weinten die möglicherweise *über* Haiti, weil sie nicht genau wußten, ob Papa oder Baby Doc an diesem Tag statt der üblichen drei Menschen vier umbringen ließ? Haiti? Wo liegt das, was ist das? Wo kommen diese »Mohrenköpfe« her? Beruhigt Euch, Ihr lieben Frauen, Haiti gehört zur westlichen Welt. Nein, da sind weder Sozialisten noch Kommunisten am Werk, und wo gehobelt wird, da fallen eben ein paar Späne, vielleicht auch hin und wieder ein paar »Mohrenköpfe«. So wäre denn mal wieder alles in Ordnung: die deutschen Frauen – es waren derer drei! – haben endlich den Fußball entdeckt, »sympathische Mohrenköpfe« bringen das süße Gefühl der Rührung bei, und laßt Euch bloß nicht von diesen muffeligen Linken erzählen, was in Haiti angeblich wirklich los ist. Seid unbekümmert.

Schade nur, daß dieser Miesepeter Hanns-Joachim Friedrichs versuchen will, Euch die Laune zu verderben, sagt der doch glatt: »Wir geben jetzt in ein anderes Studio, zu wirklich guten Taten«, und er meinte nun tatsächlich die »Aktion Sorgenkind«. Verflucht: Was soll das? Gibt's denn Kinder, die Sorgen machen, *muß* das sein, wo wir doch alle – und drei davon sogar Frauen – unbekümmert Fußball glotzen? Hat der etwa gar Fußballsorgen, will uns hier den Sorgenfußball servieren? Oder Sorgenkinder? Wo der Thoelke doch nun ganz sicher kein Muffler ist. Schande über den Friedrichs. Er verdirbt den »schönsten Sieg der Weltmeisterschaft«. Ein Linker natürlich, sozialkritisch auch noch. »Ein Jammer um diesen guten Mann. Interessiert an Politik, ist er in den Sport emigriert. Ein Widerständler am falschen

Platz. 20. Juli gegen den Fußball.« Nein, da kennt er keine Grenzen, der Boenisch. Da muß auch die Emigration dran glauben und der 20. Juli! »20. Juli gegen den Fußball.« Was sagen dazu die Überlebenden des deutschen Widerstandes?

Natürlich war das Fernsehen unter der Regierung der sozialliberalen Koalition »schulmeisterlich (...) und wenig weltmeisterlich«. Das hat sich ja inzwischen gebessert. Haufenweise »Mohrenköpfe«!

In dieser Kolumne hat sich Boenisch eine Chance gegeben: da er schon beim Friseur weilte, frohen Mutes seine *drei* Fußballdamen bewunderte, hätte er doch auf die Frauen hinweisen müssen, die *nicht* zum Friseur gehen, nicht unter »brummenden Heißlufthelmen« sitzen – das wäre doch eine Gelegenheit gewesen, auf jenen Teil der »Emanzen« einzuschlagen, die sich selbst oder gegenseitig die Haare schneiden oder waschen, nicht nur dadurch die Wirtschaft schädigen, sondern auch das Ansehen der deutschen Frau. Da gäb's doch manches zu sagen, etwa »strähnige Flintenweiber«, »Busenverächterinnen« und so weiter. »Kurzhaarige Ziegen« und so weiter. Hier hat er ausnahmsweise mal eine Chance verpaßt.

Die nimmt er dann knapp vier Jahre später wahr (Kolumne vom 11. Juni 1978), als wieder mal Fußballweltmeisterschaft herrscht. Und wieder sind's *drei* Frauen: »Jung und hübsch. Zwei aus Stuttgart, eine aus Berlin« und dann sind's sogar vier, denn »später kommt noch eine aus Düsseldorf dazu. Sie trinken Bier und Kurze«. Die sind schon weiter als die drei aus dem Jahre 1974. »Sie gehören zu denen, denen Rückwärtsparken, Radwechsel und die Abseitsregel keine Schwierigkeiten machen. Dufte Typen.« Da gibt es also Fortschritte, obwohl doch in Bonn immer noch die sozialliberale Koalition regiert. Ist denen etwa die Wende zum *verordneten* Muffeln nicht gelungen, wo's doch immerhin vier »dufte Typen« gibt. Scheiß auf die Statistik. Von der wollen wir heute nichts hören. Wenn sie stimmt, stimmt sie nicht, und wenn sie nicht stimmt, stimmt sie. Wir machen mit der Statistik, was wir wollen. Eine von den Vieren weiß sogar, daß der Mexikaner Cuellar (»der hat vielleicht eine Mähne«) eine amerikanische Frau hat: »Sie will, daß er bald in der amerikanischen Profiliga spielt.« Da fragt sich der baßerstaunte Boenisch, woher sie das wohl weiß. Woher schon? Natürlich! »Aus der BILD-Zeitung«, wo sich kluge Frauen über Wichtiges informieren. Da sie »BILD« rheinisch ausspricht, muß sie wohl die Vierte im Bunde, die Düsseldorferin, gewesen sein. Aber sicher: BILD wird auch im Rheinland gelesen, und als dann noch einmal BILD erwähnt wird, da lacht »denen« dann doch das Herz. »Zwischen den Frauen, BILD, BILD am SONNTAG und dem Aussehen der Spieler besteht eine besondere Affinität.« Denn Frauen sind eben noch (nur?) Frauen, die Frisuren der Spieler interessieren sie doch mehr als das, was deren Beine anrichten. Sind eben doch Frauen. Welch eine selige Schicksalsgemeinschaft: BILD, BILD am SONNTAG! Frauen, Fußball, Frisuren. 1974 waren's nur drei, 1978 schon vier Frauen, insgesamt sieben. Das ist nun wirklich ein Doppelsieg von BILD und Frauen. Vielleicht könnte man inzwischen – 1984 – sogar riskieren, die Statistik zu Rate zu ziehen. Vielleicht sagt sie, daß aus dem Fünftel ein Viertel geworden ist, und *dann* lügt sie bestimmt nicht, und bei der nächsten Fußballweltmeisterschaft saß er dann vielleicht mit fünf Frauen zusammen. So sind sie wohl nun mal, »unsere Frauen«. Aber 1984 gab's ja dann wenig zu lachen. Vielleicht gefiel wenigstens die Frisur von Maradona?

Inzwischen zeigt auch die bessere Hälfte der amtierenden Kardinäle, immerhin einer von zweien, Fußballbegeisterung. Was wollen wir mehr?

**Peter Boenisch**

# Meine Meinung

# Sieg der Frauen

**S**ie saßen beim Friseur. Drei attraktive Frauen verschiedenen Alters. Twens und ein Doppeltwen. Sie saßen unter der Haube. Der Friseur, Berlin, Kürfürstendamm 53, ist erstklassig, aber die Einrichtung erinnert ein bißchen an 1940. Man erwartet hier alles, nur kein Fernsehgerät, aber es stand da und dröhnte. Die Damen lächelten zufrieden. Unter ihren brummenden Heißlufthelmen konnten sie die Worte des Fernsehsprechers verstehen: „Beckenbauer, wunderbar, herrlich, dieser Paß."

Sie freuten sich, wenn es gutging, sie ärgerten sich, wenn es schieflief. Sie waren zufrieden mit „unserer Mannschaft". Sie hatten Besitz ergriffen von dem Spiel der Männer. Denn hier, beim Friseur der Damen, taten sie es ja nicht ihren Männern zuliebe, sondern weil es auch ihnen anfing, Spaß zu machen.

Und das ist eigentlich der schönste Sieg dieser Weltmeisterschaft.

Sicher stimmt die Statistik, daß nur jede fünfte Frau sich „ein bißchen für Sport" interessiert. Aber wie fast jede Statistik so lügt auch diese. Eine Weltmeisterschaft ist eben mehr als ein „bißchen Sport". So rührte viele, daß die sympathischen Mohrenköpfe aus Haiti weinten, als ihre Nationalhymne gespielt wurde. Uns kommen die nationalen Tränen nur noch, wenn wir sehen, wieviel Steuern der Staat kassiert.

**D**as ist das schöne bei den zuschauenden Frauen: bei ihnen spielt das Mitgefühl mit. Sie bedauern die Italiener, daß sie so früh nach Hause müssen. „Die sehen doch so nett aus."

Und oft haben die Brasilianer ihre Sympathie. Wahrscheinlich spürt eine Frau, daß diese hackelnden Artisten mehr zeigen, als sie hier zeigen.

Daß Frauen die Dinge mit anderen Augen sehen, ist für Männer nichts Neues. Aber verblüffend ist doch, wie schnell eine Frau ein gutes Spiel unterscheidet von einem schlechten. Oft objektiver, weniger voreingenom-

BILD am SONNTAG, 7. 7. 1974

men als wir. Und wenn sie auch noch Schwierigkeiten mit dem „Abseits' haben, abseits standen unsere Frauen bei dieser Weltmeisterschaft nicht.

### Ein Hoch auf die Damen – nicht nur auf die drei beim Friseur.

Weit weniger Blumen als die Frauen hat sich das Fernsehen verdient. Verziehen seien die vielen Versprecher. Verziehen sei auch der provinzielle Personenkult.

*Guten Tag, Werner Zimmer! Ich sehe Dieter Adler. Der Stuhl neben Dieter Adler ist noch leer. Ja, wo bleibt denn der Bundestrainer? Aber Dieter Adler ist ja da und wird sich noch melden. Hallo, Werner Zimmer, ja wo ist denn Fritz Klein? (Klein kommt groß ins Bild). Wie schön, daß Sie da sind. Fritz Klein wird sich das Spiel im Studio ansehen. Wir schalten um zu Ernst Huberty. Wir danken unserer Technik.*

Die Technik war zwar prima. Und für das Wunder Technik sorgte die deutsche Post. Aus Deutschlands Müller wurde Argentiniens Ayala. Aus Germans wurden Gauchos. Sechs Minuten lang. Mindestens vier Minuten zu lange.

Verziehen wir dies. Und auch, wie das Stadion in Frankfurt unter Wasser stand. Und es leider auch in manchen Köpfen hörbar blubberte.

Unverzeihlich aber bleibt, daß die als Sozialkritik verkleidete Miesepetrigkeit des Deutschen Fernsehens noch nicht einmal von Fußballspielern zu stoppen ist.

**Nörgelte Herr Friederichs, immerhin Sportchef des ZDF: „Wir geben jetzt in ein anderes Studio, zu wirklich guten Taten." Gemeint war die Aktion Sorgenkind. Was soll das?**

Kein Mensch hält Fußball für eine gute Tat. Aber im Deutschen Fernsehen muß auch ein Freizeitspaß zum Problem werden. Prompt vergeudete der gleiche Friederichs Sendezeit für die weltbewegende Frage: „Braucht die Welt die Weltmeisterschaft?" Natürlich nicht, Ende der Sendung. Aber sie ging leider weiter.

Und Friederichs sorgte sich um die Massenemotionen der Deutschen im Falle eines Sieges. Prompt sagte ihm ein Schweizer, daß holländische Fußballfreunde nicht weniger außer Rand und Band sind als die Deutschen.

Friederichs lächelte säuerlich. Ein Jammer um diesen guten Mann. Interessiert an Politik, ist er in den Sport emigriert. Ein Widerständler am falschen Platz. 20. Juli gegen den Fußball.

Was kann ein Fußballfan, der „Deutschland – Deutschland" ruft dafür, daß seine Großväter zuviel „Deutschland, Deutschland über alles" gesungen haben?

Im Deutschen Fernsehen spielt immer Hitler mit und nach Möglichkeit noch Marx.

**„Braucht die Welt die Weltmeisterschaft?" Nein. Aber das Deutsche Fernsehen braucht sie, sie war eine spannende Unterbrechung im schulmeisterlichen und wenig weltmeisterlichen Fernsehprogramm.**

**P.S.** der Chefredakteur von BILD am SONNTAG, Peter Bachér, hat bei Beginn die Frauen bedauert. Wegen des Fußballs. Und ich bedauerte die Spieler. Wegen der Zuschauer. Wir haben uns beide geirrt. Wir können uns eigentlich nur streiten, wer besser war: die Frauen oder das Publikum. Ganz gleich, wer heute gewinnt. Zwei Weltmeister haben wir schon.

# KOMMENTAR

## Meine Meinung

PETER BOENISCH

# Der Fußball und die Frisur...

Sportlergruß an alle Frauen und Feministinnen. Hipp-hipp, hurra. Der Chronist versichert ausdrücklich, daß er für die Gleichberechtigung zwischen Mann und Frau ist, Frauen liebt, bewundert und ihnen (gelegentlich) zu Füßen liegt. Auch hat er keinerlei Zweifel an dem ständig wachsenden Fußballverstand der Damen. Dennoch: Mit Frauen die Fußball-Weltmeisterschaft zu erleben, ist ein Ding besonderer Art.

„Wer gefällt dir eigentlich von unseren Spielern am besten?" frage ich.

„Ich mag den Tunesier", sagt sie.

„Welchen?"

„Den langen Schlanken mit dem Lokkenkopf."

„Warum gerade den?"

„Er erinnert mich an einen Jugendfreund. Und außerdem kann er sich so schön freuen, wenn die Tunesier ein Tor geschossen haben."

„Aber ich bitte dich, wenn der sich heute zu oft freut, fliegen wir raus."

Kleine Pause, dann antwortet sie mit leichter Verachtung auf der Unterlippe:

„Ach, daß ihr Männer immer so parteiisch sein müßt."

**Ende des ersten Aktes. Neues Spiel. Neue Frauen.**

Wir sitzen in einer gemütlichen Kneipe. Mexiko gegen Deutschland. Sie sind zu dritt. Jung und hübsch. Zwei aus Stuttgart, eine aus Berlin. Später kommt noch eine aus Düsseldorf hinzu. Sie trinken Bier und Kurze. Sie gehören zu denen, denen Rückwärtsparken, Radwechsel und die Abseitsregel keine Schwierigkeiten machen. Dufte Typen. Sie jubeln beim ersten Tor von Müller, daß die Gläser klirren. Sie wissen, was ein Paß ist. Aber worüber reden sie?

„Der hat vielleicht eine Mähne." Gemeint ist Cuellar, dieser säbelbeinige MGM-Löwe aus Mexiko. Er läuft, Ball am Fuß, auf das deutsche Tor zu, und sie sagt:

„Er hat eine amerikanische Frau. Sie will, daß er bald in der amerikanischen Profiliga spielt."

Woher sie das weiß? „Aus der BILD-Zeitung." BILD rheinisch, mit langgezogenem i.

Und da sage noch einer, Frauen würden den Sportteil nicht lesen.

Als nach dem Dieter Müller auch der andere Müller das Ding reintut, klingt es mit gutmütigem Spott aus zartem Mund:

**„Nun wird die BIIILD schreiben: Es müllert wieder."**

Das schrieben sie zwar nicht. Denen lachte statt dessen das Herz, aber unverkennbar ist: Zwischen den Frauen, BILD, BILD am SONNTAG und dem Aussehen der Spieler besteht eine besondere Affinität.

Anderes Mexiko-Spiel. Andere Zuschauer. Gleicher Cuellar. Er schiebt den Paß in die falschen, nämlich gegnerischen Beine. Eine adret-

BILD am SONNTAG, 11. 6. 1978

te Kollegin fragt mehr sich als uns:

**„Ob mir wohl seine Frisur steht?"**

Nachdem ich auch mit angehört habe, wie Frauen über die grauen Haare des gutaussehenden Italieners Bettega philosophiert haben („Warum schon in so jungen Jahren?" „Oder ob der sich die tönt?") sehe ich männlichen Kopfputz mit anderen Augen.

Ob Kojaks Glatze oder die Federn der Indianer, das gilt nicht den Feinden, das gilt den Frauen. Viele Federn, viele Squaws.

Der Mann muß am Kopf auffallen und nicht am Zeh. Sogar beim Fußball. So gesehen hat Hansi Müller eine DFB-Sonderprämie verdient. Und für die geplagten Präsidenten der Bundesliga-Vereine ist die künftige Rechnung einfach:

**Mehr spielende Hansis, mehr zahlende Frauen.**

**Der Fußball bekommt eine neue Frisur. Nicht nur Locken, sondern auch mehr Charme, mehr Persönlichkeit. Das macht nicht nur Kasse. Das weckt auch mütterliches Mitgefühl.**

Sie sagt: „Der Lange tut mir leid."

Nie seid ihr mit dem Schön zufrieden. Wird er Weltmeister, dann waren es die Spieler. Fliegt die Mannschaft raus, ist er schuld.

Ihr verrückten Männer, fast jeder ein Bundeskanzler. Und jeder ein Bundestrainer.

Werden wir Vierter, sagt ihr, mit Stielike wären wir Dritter geworden. Werden wir Dritter, heißt es: Mit Breitner aber Zweiter. Und als Zweiter: Mit Beckenbauer Weltmeister."

Und da sage noch einer, Frauen verstünden nichts vom Fußball.

**PS:** Hast du mal Frauenfußball gesehen, fragt sie mich. „Ja, im Fernsehen." „Die Farbige mit dem harten Schuß?" „Hm." „In zehn Jahren spielen auch Frauen in der Nationalmannschaft." „Warum nicht?" sage ich vorsichtig und denke: „Hauptsache, es dürfen dann auch ein paar Männer mitspielen."

Natürlich liebt er nicht nur den Fußball und nicht nur die Frisuren der Frauen, auch sie selbst. Selbstverständlich ist einer, der die Frauen so sehr liebt, auch für deren Emanzipation. Und selbstverständlich besteht die Emanzipation der Frauen nicht nur darin, daß sie die Abseitsregel begreifen: daß der Fußball sie endlich erobert, sie ihn erobern. Nein, sie müssen in die Politik, in Ost und West. Was die Männer bisher angerichtet haben, ist doch zu abscheulich, und wie sie Frauen ausbeuten – in West und Ost, in Ost ein bißchen mehr! –, ist ja kaum auszuhalten. Schade ist nur, daß die Frauen so schlechte Fürsprecherinnen haben. Zum Beispiel Annemarie Renger, die zwar ein hohes Amt errungen hat, aber so recht glaubwürdig nicht ist. Ihr Geschmack ist nicht Boenischs Geschmack (meiner übrigens auch nicht). Es ist wirklich ein Kreuz mit uns Männern, in Ost und West übrigens. »Ob Ost oder West, Chef ist ›er‹.« Das stimmt zwar inzwischen nicht mehr ganz: immerhin gibt's ja die Präsidentin Islands, eine angenehme Erscheinung, mit einem Geschmack, den Boenisch vielleicht goutieren könnte. Aber ob die die richtige ist? Ist die nicht ein bißchen zu links? Linke Frauen, die nicht unter der Heißlufthaube Fußballspieler bewundern? Ich denke, seine Antwort wäre: Nein, danke! Da gibt's dann auch (inzwischen) Frau Thatcher. Ob er die wohl mag? Die ist zwar rechts, ist eindeutig unzweifelhaft eine Frau, geht bestimmt zum Friseur, sagt nichts gegen Kevin Keegan, und ist sie, die Frau, nicht der »einzige Mann« da drüben auf der rätselhaften Insel und hat da einen wahrhaft gerechten Krieg geführt? Die müßte ihm eigentlich liegen, obwohl ihr Hut- und Kleidergeschmack »very british« ist – oder gerade deswegen. Schrill kann sie zwar auch sein, aber rechte Schrille ist allemal besser als linke. Eine starke Frau, fast ein Mann. Da wäre noch Indira Gandhi, zweifellos weiblich, von untadeligem Geschmack, kaum eine Fau auf der Welt, die besser gekleidet, frisiert und gepflegt wäre, und doch auch *stark*. Und das ist es doch, was wir brauchen: starke, gutgekleidete, tadellos frisierte Frauen, wo uns doch der schwache Willy dermaßen ins Unglück geführt hat und der »schmierig« wirkende Bahr, an dessen Männlichkeit man zweifeln muß? Aber ist sie nicht doch eine Neutralistin?

»Bei ihrem gerechten Kampf um echte Gleichstellung mit dem Mann brauchen die Frauen unsere Hilfe. Ihre eigenen Fanfaren sind zu schrill. Oft tönen sie und sehen aus, als habe Gott sie im Zorn erschaffen. Da scheppert der Bildschirm. Brockenhexen unter roten Fahnen. Natürlich gibt es auch nette Suffragetten. Reklameartikel ihres Geschlechts. Aber die Politfurien überwiegen. Gewitterziegen als Bannerträger einer guten Sache – das macht den Marsch nach vorn langsam.« Aber da gibt's einen Ausweg: »Die Herde folgt dem Hengst und nicht der Stute. Das verpflichtet uns, die Sache der Frauen zu unserer Sache zu machen.«

Das Rätsel, das Problem ist mal wieder gelöst: Männer an die Spitze der Frauenbewegung! Wo wir doch, wenn nicht gar Pferde, so doch selbigen erheblich ähnlich sind, bräuchten doch nur ein paar geschmackvoll gekleidete Hengste, gut frisiert, sich an die Spitze geschmackvoll gekleideter, gut frisierter Stuten zu setzen, Parlamente, Ministerien zu stürmen. Da plagt sich die weibliche und die männliche Menschheit mit der Frauenfrage herum, wo doch alles so einfach ist: »Die Herde folgt dem Hengst und nicht der Stute.«

Peter Boenisch

# Willy als Wilhelmine

**W**illy Brandts sonst so sorgfältig in Falten gelegte Gesichtszüge entgleisten vor Staunen, als die Reporterin ihn fragte: „Wären Sie als Frau deutscher Kanzler geworden? Hätten Sie es auch als Frau werden können?"

Willy ala Wilhelmine. Oder der weiche Herr Brandt als harte Golda Meir. Welch pikante Vorstellung, aber Rut hätte das wohl nicht so gern.

So müssen wir uns denn mit der Renger und ihrem hübschfrisierten Köpfchen begnügen. Und ihrer Stimme als Frau für die Frau. Schade, daß es bei ihr immer so gekünstelt klingt, als spräche sie mit Stoffblumen zwischen den Zähnen.

Ihr Kopf ist eine bessere Werbung für die politische Frau als ihr Wort. Unser Annemariechen sieht im Leopardenmantel, den ihr die lieben Tierschützer und die neidischen Genossen nicht gönnen, schicker aus als unter dem Wimpel der Gleichberechtigung. Dieses dünne Fähnchen wärmt nicht.

Dabei hat die Frau Präsident ja recht. Die Frauen sind in der Mehrheit, haben sie aber nirgends. Am wenigsten in der Politik.

Warum eigentlich? Laßt doch mal die Frauen ran! Vielleicht können sie es besser. Sehr beeindruckend ist ohnehin nicht, was wir Männer seit Jahrtausenden vollbringen. Wieviel reden wir von Frieden und wie wenig haben wir ihn. Wieviel reden wir von sozialer Gerechtigkeit und wie wenig schaffen wir davon. Im Osten noch weniger als im Westen.

**W**ir beklagen den Hunger und verbrennen den Weizen. Wir produzieren Millionen Autos und nennen sie „Käfer". Und woanders gehen sie zu Fuß und haben Millionen Wanzen. Auf Wanzen liegt man unbequem und noch schlechter fährt man damit. Welch grandiose weltwirtschaftliche Zusammenarbeit einer von Männern regierten Welt.

BILD am SONNTAG, 12. 1. 1975

Wir Männer können stolz darauf sein, daß wir einen Beethoven hatten und die Frauen nur Elly Ney, obwohl die Frauen seit Erfindung des Klaviers noch niemand am Klimpern und Komponieren gehindert haben. Aber in der Politik, dem größten aller Männermonopole, sind unsere Ergebnisse dürftig. Und wir werden es schon schaffen, daß auch das Jahr der Frau dürftig endet.

**Die Emanzipation entpuppt sich in Ost und West als großer Schwindel, als getarnte Ausbeutung der Frau.**

Zwar hilft der moderne Mann beim Abtrocknen, und er schiebt auch mal den Kinderwagen, doch die Doppelbelastung von Beruf und Haushalt liegt hauptsächlich auf den Schultern der Frau.

Zwar hat die Frau mehr Rechte als früher, doch dafür muß sie mehr arbeiten als der Mann. Im Osten wie im Westen. Nach einer sowjetischen Untersuchung arbeiten russische Ehemänner mit Volksschulbildung täglich 1,3 Stunden im Haushalt, die Frauen aber über 4 Stunden. Und 76,9 Prozent aller sowjetischen Frauen zwischen 20 und 54 Jahren sind berufstätig. Bei uns im Westen sind zwar bessere Verhältnisse und die Zahlen besser, aber auch bei uns wird es bis zum Jahre 2000 immer mehr berufstätige Frauen geben.

In der UdSSR sind schon heute zwei Drittel aller Ärzte Frauen, aber zwei Drittel aller medizinischen Chefpositionen werden von dem einen Drittel Männern besetzt. Ein Arzt hat zwar mehr Kraft, aber nicht mehr Hirn als eine Ärztin. So tüchtig können wir Männer gar nicht sein, daß ein Drittel von uns besser sein soll, als zwei Drittel Frauen.

In den sozialistischen Ländern, wo man soviel von Gleichberechtigung faselt, ist die Ausbeutung der Frau am fortgeschrittensten. Mütterchen Rußland arbeitet gleichberechtigt auf dem Acker und in der Fabrik. Aber im Politbüro sitzt Väterchen.

Unter dem Kopftuch macht sie die Dreckarbeit, und er nimmt Hand am Hut die Parade ab. Die weißen Handschuhe der Damen tragen die Herren Offiziere.

**Ob Ost oder West, Chef ist „er".**

Bei ihrem gerechten Kampf um echte Gleichstellung mit dem Mann brauchen die Frauen unsere Hilfe. Ihre eigenen Fanfaren sind zu schrill. Oft tönen sie und sehen aus, als habe Gott sie im Zorn erschaffen. Da scheppert der Bildschirm. Brockenhexen unter roten Fahnen.

Natürlich gibt es auch nette Suffragetten. Reklameartikel ihres Geschlechts. Aber die Politfurien überwiegen. Gewitterziegen als Bannerträger einer guten Sache – das macht den Marsch nach vorn langsam.

Die Herde folgt dem Hengst und nicht der Stute. Das verpflichtet uns, die Sache der Frau zu unserer Sache zu machen. Das heißt nicht nur, gleicher Lohn für gleiche Arbeit, sondern auch gleiche Rechte und gleiche Chancen. Und solange es noch nicht so ist, ein bißchen mehr Verständnis und Dankbarkeit.

Unser Pascha-Komplex macht uns zu Karikaturen des Fortschritts. Auch wenn ihr Parteibuch rot ist, ist die Seele vieler Männer tiefschwarz. Haben sie ein uneheliches Kind, dann sind sie stolz wie ein gekörter Bulle. Hat aber eine Frau ein uneheliches Kind, finden sie die Sache bedenklich und die Dame leichtfertig.

Gehen wir allein in eine Bar, finden wir das selbstverständlich. Aber bei Frauen finden wir das sowenig selbstverständlich, daß sie lieber zu zweit kommen. Geleitzug in feindliches Gebiet.

Von den Kleinigkeiten bis zur großen Politik – der Weg für die Frauen ist noch weit. Helft den Frauen dabei – und nicht nur beim Abwaschen.

**P.S.** **Der kleine Unterschied zwischen Mann und Frau genügt. Er ist der einzige Unterschied, der Freude macht.**

Der Kontinent von Problemen, der, ob hetero-
oder homosexuell, mit »Bettgeschichten« ver-
kürzt bezeichnet wird, beschäftigt die Menschheit von Sueton, der da einiges auszuplaudern
wußte, bis heute. Auch Herodot hat da schon
einiges überliefert, und da »empören« sich die
Bürger gelegentlich über Sittenlosigkeit. Möglich
auch, daß sie die Fehltritte von Politikern,
gekrönten Häuptern und Stars besonders genießen, weil die sich Freiheiten nehmen, die sie
selbst nicht haben. Die »Empörung«, über die
sich Boenisch hier erregt, wäre leicht abzuschaffen, zu entkräften, gäbe es da nicht die jeweils
gepredigte Moral, die in Schulen, Familien, in
Kirchen, durch Gesetze propagiert wird, und gäbe
es da nicht etwas zu schützen, ohne das keine
Gesellschaft auskommt: die Familie. Vielleicht
sollte man den Kindern, bevor man anfängt,
ihnen »Anstand« beizubringen, die von Willy
Millowitsch so nett besungene Platte vorspielen:
»Wir sind alle kleine Sünderlein, 's war immer so,
immer so.« Dann erst, wenn sie wissen, daß wir
alle kleine Sünderlein sind, sollte man ihnen die
Moral beibringen, der wir *eigentlich* verpflichtet
sind. Nero als Beispiel für die vielgepriesene
römische, der spätere Edward VII. für die vikto-

rianische Moral, Prinz Andrew als Beispiel für die gegenwärtig britische Moral. »Alles kleine Sünderlein«, aber *eigentlich* ist das doch, wenn auch amüsant und kitzelig, nicht ganz das richtige. Oder? Wenn Männer – und auch Frauen – Freuden, die sie am rechten Ort nicht finden, da suchen, wo sie sie gegen Bezahlung bekommen, dann wissen wir, was Ehescheidungen, Sexualdelikte bestätigen und was nach den Enthüllungen über die scheinbare sexuelle Harmonie bei Naturvölkern, einer Täuschung der Margaret Mead zum Opfer fiel und der auch ein, zwei Generationen nach ihr erlagen, wir wissen, daß die Geschlechtlichkeit des Menschen kaum zu harmonisieren ist. Und da »empört« sich also der »Bürger« über die Eskapaden eines Lords in hohem Regierungsamt. Nun, das Problem, über das Boenisch hier mal wieder unbekümmert, wie er nun mal ist, hinweghuscht, wäre leicht zu lösen: indem man die Moral abschafft, ist man die lästigen Moralisten los. Wenn BILD am SONNTAG sich über moralisch empörte Bürger belustigt zeigt, sollte es alles tun, um die Moral abzuschaffen. Aber – verflucht – das wollen doch die teuflischen Linken! Vorsicht, nicht *so* flott sich über die »empörten Bürger« empören. Mag ja sein, daß er – wer? – ein Heuchler ist, daß er heimlich in Massagesalons geht, die Boenisch auf so feinsinnig schlüpfrige Weise beschreibt, Salons, in denen man vor »keinem Kundenwunsch Angst hat, außer vor dem einen, daß mal einer medizinisch massiert werden möchte«. *Der* Bürger – wer ist das? Ist das etwa einer von den linken

Spinnern, der »denen da oben« nicht gönnt, was er sich selber gönnt? Diese verfluchten Moralisten, diese Heuchlerbande, man wird sie leicht los, wenn man sämtliche Moralpredigten in Schulen, Kirchen, Elternhäusern verbietet. Ein Kontinent von Problemen, verwickelt, weit verzweigt, mit vielen Verstrickungen und Verweisungen wird hier scheinbar befriedet. »Auf der unappetitlichen Pornowelle reitet die Heuchelei.« Könnte es sein, daß die unappetitliche Pornowelle eine Folge der Heuchelei ist, und welcher Bürger empört sich da über den Lord? Könnte es sein, daß es auch geheuchelten Porno gibt? Doch eine solche Kolumne ist natürlich auch eine Gelegenheit für politische Seitenhiebe. Die »halbierte Großstadt« Berlin. Wer hat die denn halbiert? Wahrscheinlich doch der Bahr, nicht der Hitler. Springer doch wohl nicht? Nein. Der will sie ja zusammenfügen, die beiden Hälften, und dann gibt's da noch das Schimpfen auf »das dekadente westliche System«. Preist nicht, wer die Dekadenz des Westens beschimpft, automatisch den Osten? Den Osten Berlins, in dem es keine 350 Massagesalons gibt? Halbierte Großstadt, halbierte Moral? Und immerhin hat ja der empörte Bürger, der heimlich in diese Salons geht, dem Minister das aber mißgönnt, nun wirklich keine Staats-, höchstens Familiengeheimnisse auszuplaudern. Und so sehr umstritten ist die Eignung von Callgirls fürs Spionagegeschäft ja nun auch nicht. Es gibt da ja historische Beispiele. Und natürlich, wenn man, wie in dieser Kolumne, über die Pornowelle sich mokiert, muß man auch ein bißchen

Porno mitliefern: Bei Huren steht oft der »I.Q. in einem seltsamen Mißverhältnis zu ihrer Oberweite«. Eine merkwürdige, überraschende Feststellung: der Busenumfang als Gradmesser für die Intelligenz? Was sollen die Frauen dazu sagen, die nachweislich keine Huren sind und auch einen erheblichen Busenumfang haben? Sind die »oft« auch so dumm und plaudern nach »unbezahltem Sex«, womit wohl der eheliche gemeint ist, so wenig aus wie bei bezahltem? Lassen wir's doch lieber bei Willy Millowitsch: »'s war immer so, immer so.« Und wenn schon der Westen einigermaßen dekadent ist, den größeren Hieb muß der Osten abbekommen. »Mir ist immer noch ein alter Freund lieber, bei dem nicht ungestraft Akten verschwinden, als ein neuer Freund, bei dem noch immer ungestraft Menschen verschwinden.« Mit diesem »neuen Freund«, den Bahr, Brandt und wohl auch Scheel uns angelacht haben, kann wohl nur die Sowjetunion gemeint sein. Oder meint er gar Argentinien, wo dreißigtausend Menschen verschwunden sind? Das kann ich kaum glauben. Immerhin: ich will die Sowjetunion so wenig »weißwaschen« wie er das »Weiße Haus«: Argentinien hat 27 Millionen Einwohner, die Sowjetunion deren 260 Millionen, und mir ist nicht bekannt, daß in der Sowjetunion in jüngster Zeit etwa dreihunderttausend Menschen verschwunden sind. Und in Argentinien waren's nicht einmal »Mohrenköpfe«.

**Peter Boenisch**

# Tango in London

E mpörend", sagt der empörte Bürger. „Ein Minister und ein Callgirl. Und noch dazu eine Farbige."

„Shocking", sagt der Bürger, und dann steigt er rüstig, wenn auch leicht schnaufend, vier Treppen hoch. Nicht heim zu Mutti, sondern fremd zu Betty und Yvonne. Hinein in ein Massageinstitut, wo alles massiert wird, nur möglichst nicht der Rücken.

Selbst in einer halbierten Großstadt wie Berlin gibt es nach Schätzungen der Sittenpolizei 350 solcher Institute, wo man vor keinem Kundenwunsch Angst hat, außer vor dem einen, daß mal einer medizinisch massiert werden möchte.

Es ist nicht gerade der Busen der Natur, an dem sich der Genosse Bürger entspannt, aber das hindert ihn keineswegs, auf die perversen Minister zu schimpfen und auf das dekadente westliche System.

Auf der unappetitlichen Pornowelle reitet die Heuchelei. Gleiches Recht für alle, aber nicht für die, die oben sind. Die oben sollen Vorbild sein, aber nur damit die unten sich schön gehen lassen können.

Statt erträumter Gerechtigkeit des Volkes spießige Selbstgerechtigkeit. Ist der Genosse Bürger ein schlechter Kaiser, eine kleinliche Majestät?

N atürlich will der moderne Mensch kein Sexmuffel sein, und also behauptet er, bei politischen Sexskandalen ginge es nicht um die Ausübung einer Jahrtausendealten Tätigkeit, sondern um die Gefährdung staatlicher Sicherheit. Doch wenn auch ein Lord, so er hat, den Orden seiner Majestät an der Hose trägt, so trägt er keineswegs die Geheimnisse seiner Regierung in der Hose.

Falls aber seine Lordschaft im Bett eine die Geheimhaltungsvorschriften mißachtende Plaudertasche sein sollte, so macht es keinen großen Unterschied, ob er bei bezahltem oder bei unbezahltem Lustgewinn indiskret ist. Außerdem ist die Eignung von Huren für das schwierige Geschäft der Spionage umstritten. Oft steht hier I. Q. in einem seltsamen Mißverhältnis zu ihrer Oberwelte — 007 ist nicht die Hausnummer der Bordelle.

Aber, so meint der plötzlich besorgte Wähler, der Minister könne erpreßt werden. Wieso eigentlich?

Die Frau verzeiht, die Kinder verzeihen, die Dienerschaft ist stolz auf die Manneskraft ihrer Lordschaft, und die heimlich aufgenommenen Fotos zeigen nichts, was nicht schon in jedem Kino um die Ecke zu sehen ist.

## Brando auf englisch.
## Tango in London

Lord Marlon und Norma. Auf englischem Linnen vielleicht etwas magerer, womöglich noch unästhetischer als auf der Pariser Leinwand. Weiß Gott, kein Grund zur Begeisterung, aber auch kein Grund, „Sünden" zu bestrafen, die wir sonst begaffen und beklatschen.

**W**ie wärs denn mit ein bißchen mehr Ehrlichkeit und weniger Heuchelei? Bei allen, nicht nur bei den horizontalen Skandalen.

Daß Amerika sein Weißes Haus auszumisten versucht, verdient Respekt. Daß die Presse in jeden dreckigen Winkel hineinleuchtet, verdient Bewunderung. Daß dieses Land vor den Augen der Welt seine schmutzige Wäsche wäscht, ist ein Zeichen der Kraft und der Hoffnung. Daß aber das Volk — nicht nur in Amerika — Politik für ein besonders schmutziges Geschäft hält, beweist nicht etwa die sauberste Souveränität des Volkes, sondern nur den souveränen Gebrauch der eigenen schmutzigen Finger.

Solange so mancher Bürger seinen Nachbarn bespitzelt, solange mancher Chef Telefongespräche seiner Angestellten belauscht, solange so manche Firma freudig die geklauten Unterlagen der Konkurrenten kauft, solange sollten wir unsere Entrüstung über andere Sünder auf Zimmerlautstärke drehen. Der Aufschrei einer freien Presse in einem freien Land genügt. Der oft hemmungslosen Anklage darf nicht das hemmungslose Urteil folgen.

**M**aßhalten — unpopulär, aber bitter notwendig — ist nicht nur eine Parole für Konsum und Geld.

**Es gibt 1073 Lords und noch mehr Minister in dieser Welt. Es hat noch nie 1073 Heilige in einer Epoche gegeben.**

PS: Ohne das Weiße Haus weißwaschen zu wollen: Mir ist immer noch ein alter Freund lieber, bei dem nicht ungestraft Akten verschwinden, als ein neuer Freund, bei dem noch immer ungestraft Menschen verschwinden.

Darf ich voraussetzen, daß es auch mir nicht liegt, wenn Kindern via der Vokabel »bumsen« jener Vorgang nahegebracht werden soll, der mit »Zeugung«, »körperlicher Liebe« oder gar Koitus – und was es da alles für Vokabeln gibt – immer nur andeutungsweise beschrieben werden kann. Vereinigung? Das klingt zu sehr nach Verein. Liebe? Immerhin sagt da einer am Anfang »Ich liebe dich«, und nun – oh, Überraschung – fängt der an zu moralisieren, der's ansonsten mit den Moralisten nicht hat, der zu wissen glaubt, daß *der* Bürger sich heimlich in die Gefilde käuflicher Liebe schleicht. Was ist nun? Gibt's eine Moral oder gibt's keine? Wird da aus Liebe »gebumst« oder gegen Bezahlung? Fatal ist, daß man spürt, wie ihm das *eigentlich* Spaß macht, wie er in die kritisierte Aufklärungsszene eingreift, sie geradezu übernimmt; wo er doch den »Reifenwechsel« (siehe Kolumne vom 27. Mai 1973) für selbstverständlich hält, kritisiert er die Betriebsanleitung dazu: »Liebe mit dem Schraubenschlüssel. Junge, zieh die Mutter fester!« Und »natürlich ist Liebe, ist Sex keine Schweinerei«. Sind Sex – bezahlt oder unbezahlt – und Liebe also gleich? »Bei aller Liebe zur Liebe und bei aller Freude am Bumsen, könnt ihr es für unsere DM 10,50

Funk- und Fernsehgebühren nicht etwas netter sagen?« Nur ein bißchen netter, mehr nicht, denn »Freude am Bumsen«, die hat er auch. Mit Liebe oder ohne?

Moralisten sind wirklich lästig: sie vergleichen Gesetze, Gebote, Vorschriften mit deren Verwirklichung bei denen, die Gesetze und Gebote erlassen, und da gibt's dann ärgerliche Feststellungen, auch wenn Verfassungen mit Verfassungs*wirklichkeiten* konfrontiert werden, wie es etwa Andrej Sacharow tut, der geborene Moralist. Die einfachste Lösung, die ärgerlichen Moralisten loszuwerden, wäre: Gesetze, Gebote, Vorschriften, Verfassungen abzuschaffen, von Kanzeln und Kathedern zu verkünden, daß es zwar den »Schutz der Familie« gibt, und eine gewisse Verpflichtung zur Treue, aber andererseits, da wir nun mal alle »kleine Sünderlein« sind, die Massagesalons und vergleichbare Einrichtungen. Es gibt Steuergesetze, aber auch – was? Weg mit der Moral und den Gesetzen – dann seid ihr sie los, die Moralisten und Gesetzestreuen, auch die, die auf der Wörtlichkeit von Verfassungen bestehen. So einfach – und die Menschheit wäre endlich erlöst.

# Meine Meinung

**Peter Boenisch**

# Liebe wie ein Reifenwechsel...

**I**ch liebe Dich, drum bums ich Dich, im Stehen und im Liegen, und wenn wir beide Englein sind, dan bums ich Dich im Fliegen."

Es war Sonntagnachmittag. Das Deutsche Fernsehen (ARD) hatte wieder einmal zugeschlagen. Bumsfalera! Tatsch in den Sonntagsnachmittagskaffee. Ein Freund, Arzt, grinste seine Frau an: „Sowas Schönes machst Du mit mir nie." Doch da krähte auch scon ein dreijähriger Sohn: „Papi, was ist bumsen?"

Mein Freund, der Doktor, jung, modern, witzig, räusperte sich erst einmal. Dann sagte er: „Äh . . ." und wieder „Äh! Wie ein preußischer Gardeleutnant. So viele Ähs hatte ich im ganzen Jahr von ihm nicht gehört. Sein kleiner Sohn auch nicht. Und mit der logischen Unerbittlichkeit der Dreijährigen stellte er fest: „Papa, du schwindelst."

Papa hatte zwar noch gar nicht angefangen zu schwindeln; aber der Steppke hatte schon recht. Nun griff die Muter ein, wie gute Muttis das so tun mit Honig in der Stimme und Samt im Blick:

**„Das, was sie im Fernsehen meinen, ist Liebe. Und zwar die Liebe, wenn Papi die Mami umarmt."**

**D**ie Sache mit dem Umarmen gefiel dem Kleinen. Er krabbelte näher, streckte seine Ärmchen aus und hing an Mamas Hals. Sie schaute zu ihrem Mann herüber, Triumph in den Augen, so, als wollte Sie sagen: Siehst du, so macht man das.

Aber was ein richtiger kleiner Arztsohn ist, der hört bei einem so hübschen Thema nicht so schnell auf. Nach einem Weilchen Schmusen mit Mami fragte er:

BILD am SONNTAG, 10. 11. 1974

„Mami, ist das bumsen? Bumsen wir jetzt?"

Der Vater sprang auf: „Scheißfernsehen!" Wir ließen Mutter und Kind und die Aufklärung allein, flüchteten an den Eisschrank und holten uns ein Bier. Er schimpfte auf die Programm-Macher: „Warum kann ich meinen Sohn nicht aufklären, wann ich es will. Warum überfällt man eine Familie damit am Sonntagnachmittag?"

Ich versuchte, ihn zu beruhigen: „Du weißt doch, wie viele Minderjährige Kinder kriegen."

Er brüllte: „Ja, aber meiner ist drei." Dann beruhigte er sich: „Die sollen sachliche Aufklärung senden. Und nach Vorankündigung. Aber wem sollen die bumsenden Engel nutzen? Schleichwerbung für die Kirche?"

Der kleine spielte inzwischen mit seinen Autos. In dem Alter siegen Autos über alles. Aber ein Sieg des Fernsehens oder der sexuellen Aufklärung war das nicht. Gewiß, der Vater hatte falsch reagiert. Aber welcher Vater reagiert schon richtig, wenn er sich nicht vorher das Wie-sage-ich-es-meinem-Kinde genau überlegt hat?

Das Fernsehen denkt über sich selbst und seine Sendungen zu wenig nach. Bei den vielen Wiederholungen haben sie ja jetzt mehr Zeit dafür. Wer mit der Flimmerkiste hantiert, ist nicht nur zum Proporz, sondern zu besonderer Behutsamkeit verpflichtet. **Ihr seid Gast im Wohnzimmer und nicht Genossen in der Gosse.**

Schweinchen Dick wird abgesetzt. Angeblich, weil es zu brutal ist. Und eure Sprache und eure Bilder werden immer brutaler. Die Reklame für Bumsen ist Fliegen, Otto-Lilienthal-Sex, ist noch immer harmlos gegen die Zoten im Radio. Da klang es fröhlich im Kölner Kinderfunk auf die Frage, was Orgasmus ist: „Wenn der Mann seinen Oskar bei der Frau in die Pflaume steckt."

Intendant Oskar Pflaume.

Sexuelle Aufklärung im Straßenjargon. Wie lieblos ist diese Sprache über die Liebe. Kaputte Kaputtmacher am Werk. Die Worte scheppern. Alles klingt technisch. Pflaumenstecker. Wie eine Gebrauchsanweisung zur Herstellung von Slibowitz.

Oder der Akt als gymnastische Aktion. Bei der Tante im Kölner Kinderfunk hört sich das so an: „Zur Seite geht es auch. Die Frau liegt auf dem Rücken und hat die Beine offen".

Sexuelle Aufklärung oder Betriebsanleitung für einen Reifenwechsel? Liebe mit dem Schraubenschlüssel. Junge, zieh die Mutter fester! Die Beine bleiben offen und zur Seite geht es auch.

Um zu beweisen, wie fortschrittlich richtig diese Trimm-dich-brutal-Aufklärung sei, werden die Kinder am Schluß der Sendung gefragt: „Ist das Schweinerei?" Antwort im Chor schöner Einstimmigkeit: „Nein".

**Natürlich ist Liebe, ist Sex keine Schweinerei. Aber um das zu beweisen, muß man doch nicht mit dem Hammer und Sichel sexueller Aufklärung alles zur Sau machen, was schön ist.**

Dieser künstliche Wind von heute ist genauso unerträglich, wie der sexuelle Mief vergangener Zeiten. Gestern lag uns die Kirche zu oft in den Ohren, und heute singt zu allen Zeiten auf allen Kanälen der Beate-Uhse-Chor.

BILD am SONNTAG, 10. 11. 1974

**B**ei aller Liebe zur Liebe und bei aller Freude am Bumsen, könnt ihr es für unsere DM 10,50 Funk- und Fernsehgebühren nicht etwas netter sagen? Habt ihr nicht eine etwas kleinere Pauke? Zimmerlautstärke. Können eure bunten Bilder nicht in zarteren, weniger grellen Tönen flimmern?

Ihr müßt nicht Millionen anbrüllen. Ihr seid bei jedem einzelnen zu Hause zu Gast.

**Mit Stiefeln herzlich willkommen bei Bonanza, aber bitte nicht mit dreckigen Stiefeln ins Bett.**

Das ist nun wirklich so recht dem Volk aufs Maul geschaut: nicht schlecht gemacht, wirkt so, als hätte er es tatsächlich mal erlebt: Boenisch im VW am Steuer, neben sich seine Frau, die pinkeln muß, wie er seinem »brüllenden Produkt« Schokolade in den Mund stopft. Heiß. Stau, alles Scheiße, und die Frau muß mal. Wirklich, es ist schon ein Elend, wenn man mal in den Urlaub fahren will. Recht hat er: es ist scheußlich, und Kinder sind »Produkte«. Könnte die Frau eventuell im Wald? »Nein, wir sind umweltbewußte Naturfreunde. Elvira, du mußt leiden, wenn es um Deutschlands Eichen geht.« Klar, die Umweltschützer sind schuld, daß die arme Frau nicht in den Wald darf. Die Grünen haben das *Umweltbewußtsein* dieses verärgerten Autofahrers, dessen »Mutti muß« und der seinem »Produkt« Schokolade in den Mund schiebt (übrigens, ich spreche da aus Erfahrung, kein geeignetes Mittel, in erhitzten Autos Kinder zu befriedigen; davon muß abgeraten werden), das Umweltbewußtsein dieses geplagten Autofahrers haben die Grünen derart verunsichert, daß er seine Frau nicht unter die deutschen Eichen läßt. Bekanntlich ist es ja das Hauptziel aller Umweltschützer und Grünen, deutsche Männer und Frauen daran zu hindern, sich unter deutschen Eichen zu erleichtern. Dieses blasenfeindliche Gesindel zwingt einen dazu, in verdreckten Autobahnraststättenklos zu tun, was doch in der freien Natur so einfach wäre. Sollte sich eines Tages herausstellen, daß die Anzahl der Blasenkranken zugenommen hat, dann wissen wir, wer schuld ist: Die Umweltschützer. »Der deutsche Mensch verteidigt die deutschen Grashalme mit der ihm eigenen dumpfen Entschlossenheit. Jede Wiese ein Schlachtfeld, jeder Baum ein Denkmal, jeder Bürger eine Initiative. Vorwärts – das war einmal. Wir stoppen alles.« Die muffenden Muttis, der verärgerte Aufofahrer, vielleicht sogar das »brüllende Produkt« denken natürlich – das nenn' ich dem Volk ins Gehirn geschaut! – auch darüber nach, wie das alles geändert werden könnte, wer schuld an diesem ganzen Elend ist. »Die Regierung muß sich beeilen. Spätestens nach den Ferien werden sie die Steuerschraube lockern müssen. Oder sie werden erfahren, wie locker sie auf ihren Stühlen sitzen.« Und dann, ja dann: »Dann sieht man die Mütze nur noch beim Segeln.« Aha, da haben wir ihn: den mit der Mütze, der so gern segelt, und wenn der die Steuerschraube lockern läßt, dann haben wir weniger Autos und mehr Straßen oder mehr Straßen und weniger Autos? Und dann werden wir keine blasengeplagte deutsche Frau mehr hindern, sich unter deutschen Eichen zu erleichtern? Die Sache ist doch ganz einfach: Steuern runter! Straßen frei! Und der mit der Mütze – ist der etwa ein Sozialdemokrat? – soll endlich segeln gehen.

»Gewählt wirst du, wenn du – es grünt so grün – gegen neue Kraftwerke bist.« Jetzt wissen wir auch, warum die Grünen die Bundestagswahlen von 1980 gewonnen haben. Da hat einer wirklich einen prophetischen Blick gehabt, und der mit der Mütze ist ja dann einige Jahre später abgewendet worden, weil er *für* Atomkraftwerke war. Wir wissen auch, warum die CDU/CSU/FDP im Jahre 1983 die Wahlen gewonnen haben, denn »Gewählt wirst du, wenn du – es grünt so grün – gegen neue Kraftwerke bist.« Oh, Albrecht, oh, Buschhaus, wie grünt ihr so grün. Der geplagte Mensch da am Steuer seines Autos sollte sich entspannen: seiner Frau die deutschen Eichen nicht länger verwehren und seinem »brüllenden Produkt« nicht Schokolade, sondern Mineralwasser geben. Coca Cola besser nicht: es ist so klebrig-zuckrig.

# Meine Meinung

## PETER BOENISCH

# Bürger Ölsardine

**D**ein Auto ist heiß. Deine Frau sagt: „Hätten wir doch..." Dein Kind brüllt. Die Räder, die rollen sollen, stehen. Nichts geht mehr zwischen Kilometer 211 und 241. „Verkehrsstau!", nennen sie das. Und du bist ein Gestauter.

**Bürger Ölsardine. Gepackt in Blech.**

Unsere Politiker, die nicht nur sich hochleben, sondern auch uns besser leben lassen sollen, machen so gerne Sprüche über Europa. Wie europäisch wir wählen müssen und wieviel einiger alles werden soll.

Und dann sind sie noch nicht einmal so einig, sich auf einen gestaffelten Ferienanfang zu einigen.

Seltsam: Wenn es um But-ter oder ein anderes Gutgeschmiertes geht, dann funktioniert Europa. Kein Geschäft ist mies genug, um uns nicht geschäftig hinterher wieseln zu sehen.

**Aber wenn du in Ferien fahren willst, dann stehst du.**

Alle Räder stehen still, weil der Bürokrat es will. Sturheit? Gedankenlosigkeit? Mangelnde Flexibilität?

**Das Auto ist heiß.** Deine Frau sagt: „Ach, wären wir doch geflogen." Dein Junge brüllt wie ein Düsenmotor. Und du schwitzt und denkst: Eigentlich zahlen wir zuviel Steuern. Viel zu viel für sowenig Vorwärtskommen.

**D**u schaust in die Heckscheibe deines Vordermannes. Nummernschild aus dem Kohlenpott. Ob auch er so denkt? Du siehst sein Plüschtier im Fenster. Und mit dem in langen Jahren antrainierten Blick für angespannten Hausfrieden erkennst du sofort und von hinten: Auch seine Mutti mufft.

**Bestimmt haben auch die etwas gegen Stau und hohe Steuern. In Deutschland gibt es plötzlich viele Fredersdorfs.**

Die Regierung muß sich beeilen. Spätestens nach den Ferien werden sie die Steuerschraube lockern müssen. Oder sie werden erfahren, wie locker sie auf ihren Stühlen sitzen.

**Dann sieht man die Mütze nur noch beim Segeln.**

**Das Auto ist heiß.** Deinem brüllenden Produkt hast du mit Schokolade vorübergehend den Mund gestopft. Nun stöhnt deine Frau, ihr Nacken werde steif. Und überhaupt, der Rücken tue weh. Außerdem, sagt sie, muß sie mal.

Nun mach mal, wenn du mußt und nicht darfst. Und nicht vorwärts kannst und nicht zurück.

Raus in den Wald? Nein, wir sind umweltbewußte Naturfreunde. Elvira, du mußt leiden, wenn es um Deutschlands Eichen geht.

**N**ach dem Trimmen haben wir einen neuen, bequemeren Volkssport entdeckt: Umweltschützen. Wenn wir es schon im Fußball nicht mehr sind, hier wollen wir es sein: Weltmeister.

Der deutsche Mensch verteidigt die deutschen Grashalme mit der ihm eigenen dumpfen Entschlossenheit. Jede Wiese ein Schlachtfeld, jeder Baum ein Denkmal, jeder Bürger eine Initiative.

**Vorwärts – das war einmal. Wir stoppen alles.**

Ob wir wohl je zu dem Örtchen kommen, wohin es Mutti drängt? Wird es dort so aussehen wie im letzten Jahr: Dreck überall, Papier überall und alles so zerwühlt, als hätten Wildsäue das Rasthaus überfallen?

Nein, Freunde, von nun an wird alles blitzen und blinken im Sauberland der Säubermänner. Die Wälder werden nicht mehr brennen, weil irgendein Kamel seine Camel weggeworfen hat. Konservendosen und anderer Wohlstandsmüll werden nicht mehr die Natur verschandeln.

**Verdammt, man kommt ganz schön ins Träumen in einem heißen Auto.**

Wie gut, daß ich kein Politiker bin. Denn wer den Leuten sagt, „fangt bei euch an mit dem Umweltschutz", der wird sicher nicht gewählt.

Gewählt wirst du, wenn du – es grünt so grün – gegen neue Kraftwerke bist. Dafür arbeitet dann das alte Werk weiter. Und wirft jährlich 60 000 Tonnen Staub in die Gegend. Das neue Kraftwerk würde nur 7000 Tonnen Staub in die Gegend pusten.

„Schmutz vom Umweltschutz" nennt das „DIE WELT". Doch die meisten der teutonischen Wiesenkrieger wissen davon nichts.

Wir sind schon ein putziges Volk: Hauptsache, wir sind – wallend und wogend über Felder, Auen – für eine gute Sache. Fakten, Zahlen und Taten sind dann Nebensache. Unser Gemüt besiegt das Gehirn.

Nur: Weltmeister wird man so nicht. Auch nicht im Umweltschutz.

**P.S.** Die Karawane rollt wieder. Die Frau an meiner Seit tut mir leid. Auf dem WC wird es genauso aussehen wie im vorigen Jahr.

# BILD am SONNTAG,
## 24. 2. 1974, 6. 7. 1975, 5. 10. 1975 und 24. 10. 1976

Wenn der Kolumnist Boenisch seine Traumtänze beginnt, geschehen grausame Dinge, die einen Tiefenpsychologen beschäftigen mögen:

Da werden – weil die Sozialisten mal wieder an die einzig wahre Freiheit der Deutschen: die Freiheit der Motoren, heranwollen – nicht nur Autos eingestampft, auch deren Besitzer. Befürworter der absoluten Motorenfreiheit werden in ihren Garagen vergast, andere erschossen, eine Aktion, bei der Ulrike Meinhof und Andreas Baader (die doch schnelle Autos so sehr liebten!) als Hilfspolizisten Dienst tun. Und das sozialistische »Oberkommando« ist stolz darauf, daß auf allen »Allende-Plätzen« Auto- und Selbstverbrennungen stattfinden und so weiter und so weiter. Natürlich ist das ein Witz, ein witziger Traum, denn zum Glück gibt es dieses »rote Oberkommando« nur im Untergrund. Aber: »Das total besiegte Deutschland scheint nach vorübergehendem Bekenntnis zur Leistung, das total gebremste Deutschland werden zu wollen.« Mit anderen Worten: Alle Räder stehen still, weil das rote Oberkommando – noch im Untergrund, aber bald oben! – es so will, und würde gar eine Regierung das geplante Tempolimit durchsetzen, so wäre das »staatlicher Machtmißbrauch und Regierungswillkür«. Merkwürdige Vorstellung vom Parlamentarismus. *Hätte* der Bundestag ein Tempolimit beschlossen, so wäre das »Machtmißbrauch und Regierungswillkür«. Zum Glück ist es ja nicht so gekommen, da war – so weit ich mich erinnere – unter anderen auch Filbinger vor, denn kaum war dieser Plan auch nur im Gespräch, da sanken die Autoaktien und Filbinger verteidigte mal wieder die Freiheit, diesmal die Freiheit der Motoren. Mein Gott, haben wir ein Glück gehabt. Wir: »Dieses gutwillige, fleißige Volk hat diese sozialistische Vollbremsung nicht verdient.« Obwohl natürlich alles falsch ist, was diese Regierung macht, *das* ist nun besonders schlimm: den Deutschen die Freiheit der Motoren zu nehmen. Aber natürlich: wie kann es anders sein? Willy Brandt fährt selbst ja nicht Auto, hat keinen Führerschein. Er ist ein »Führer ohne Führerschein. Man merkt's«. Die merkwürdige Schizophrenie *fast* aller deutschen Journalisten und Publizisten, wenn's ums Tempolimit geht, liegt möglicherweise daran, daß *sie* den Führerschein und dazu auch flotte Autos haben, die sie nicht gern gebremst sehen, noch merkwürdiger, weil doch das vielgepriesene »amerikanische Vorbild« in puncto Auto und Tempolimit eines der vernünftigsten Länder dieser Erde ist, und dabei ist Amerika nicht einmal so eng wie die Bundesrepublik.

Nun ist ja das rote Oberkommando aus dem Untergrund trotz aller Befürchtungen nicht an die Macht gekommen, obwohl es doch so nah dran war. Immerhin hätten die Hilfspolizisten Baader und Meinhof Karriere machen und Innen- beziehungsweise Justizminister werden können. Das große Einstampfen, Erschießen, in der Garage Vergasen hätte beginnen können, die Schilderfabrikanten hätten gute Geschäfte gemacht: alle Plätze werden zu Allende-Plätzen. Wieviel tausend neue Schilder! Aber nicht nur das rote Oberkommando im Untergrund, auch das legale hat ja zum Glück inzwischen gewechselt, zu einem hin, der gern und schnell fährt und sogar den Führerschein hat (Helmut Schmidt). Die Freiheit der Motoren ist gerettet, die Autoaktien steigen wieder, und nun, da er weg ist, kann man »nett« zu Willy sein, diesem Träumer, auf dessen Leben Schatten fielen, nicht nur politisch, auch »menschlich«. Was mögen das wohl für Schatten gewesen sein? Was hat ihn wohl betrübt, ihn, der doch »ein guter Mensch mit Fernweh und gestörtem Heimatgefühl ist. Mehr internationaler Sozialist als hanseatischer Lübecker.« Reist da herum, trifft sich mit Breschnew, »zwischen Tito und Breschnew ein(en) Pendler mehr«. Welch ein Glück, daß wir jetzt einen hanseatischen Hamburger haben, wenn auch Sozialdemokrat. Ein gestörtes Heimatgefühl? Wie kann einer das haben? Ist der wohl – der Lübecker, versteht sich, nicht der Hamburger – Emigrant gewesen? Emigrant wie der Habe und der Guttenberg. Aber ist vielleicht ein linker Emigrant gestörter als ein rechter in seinem Heimatgefühl? Schwierige Frage. Nein, seid doch nicht *zu* nett zu Willy. »Dieses Land war einmal als Autoland auf dem Weg zum Zweitwagen. Jetzt als Arbeitslosenland haben wir den Zweitpräsidenten. Brandt als Scheel für die Roten.« Offen gestanden, was er damit meint, da bin ich nicht hintergekommen. Ich weiß nur, daß heute mancher Arbeitslose froh wäre, wenn er zu einem passablen Preis seinen *Erstwagen* los wäre, und für sein Fahrrad braucht er um Tempolimit nicht zu fürchten. Kein Grund zur Sorge also: die Freiheit der Motoren ist gesichert, und wer denkt da an Abgase: die werden nur vom roten Oberkommando dazu benutzt, Widerspenstige in ihren eigenen Garagen zu vergasen. Wenn aber dann einer wie Niki Lauda die *Freiheit des Motors* zu seinem Beruf macht, in dem es nun mal kein Tempolimit gibt, ist das auch nicht recht. Wer veranstaltet, finanziert, dotiert denn bloß die Autorennen? Vielleicht gar die Autoindustrie? Wer baut Rennstrecken aus, verbessert sie, auf daß Geschwindigkeiten erhöht werden können. Wer wohl? Sind sich nicht darin die roten und die schwarzen Oberkommandos einig? Diese fast haßerfüllte Wut auf Niki Lauda muß tiefere Gründe haben, die ich nicht ausloten kann. Nun, der ist zwar »ein meisterlicher Fahrer. Gewiß. Ein willensstarker Mensch. Auch das. Aber ein Meister sollte auch Vorbild für Lehrlinge und Gesellen sein. Ein Weltmeister ist ein Leitbild. Lauda ist nicht einmal eine Leitplanke. Ein Gladiator der Neuzeit, ein Maschinenmensch der Computer-Ära.« Wo der doch soviel leistet! Nun wäre es ja einigermaßen töricht, wenn Niki Lauda sich beim Rennen ein Tempolimit auferlegen würde und wenn er, der »mitleidlos gegen sich und gegen andere« sein soll, Mitleid mit seinen Konkurrenten haben sollte, mit gedrosseltem Motor bescheiden und rücksichtsvoll am Ende der Schlange seine Runden drehte. Rennen sind nun einmal Rennen, und sie haben offenbar nach Ermessen ihrer Veranstalter und der Autoindustrie den Sinn, die *Freiheit* der Motoren zu demonstrieren, und es gehört zu den *Pflichten* eines Rennfahrers, möglichst zu gewinnen, und »eiskalt« muß er alles tun, um zu siegen. Soll das etwa – um Himmels willen, ich spreche es gelassen aus! – sollte das etwa am »System« liegen und nicht etwa an Niki Lauda, der das System erkannt hat? Das Schlimme an Lauda ist aber nicht, daß er zwar »meisterlich« und doch kein Leitbild, daß er mitleidlos und eiskalt ist ... Nein, er hat eine besonders in der Marktwirtschaft verruchte Eigenschaft: er ist »ein Weltmeister im Geldzählen«. »Dieser Typ ist« zwar »in allen Branchen kühl, cool, extra dry. Der Jammer beginnt aber dann, wenn die rennsportbegeisterte Jugend sich diese kühle Brutalität zum Vorbild nimmt.« Pfui, Lauda, setzt Du etwa um Geld dein Leben aufs Spiel? Das ist nun wirklich die Höhe. Die Frage wäre, wen sich dann die »rennsportbegeisterte« Jugend zum Vorbild nehmen soll? Etwa Ulrike Meinhof, die schnelle Autos geliebt zu haben scheint und die – und das war ja eine der tiefer liegenden Ursachen der Empörung über sie – *nicht* um des Geldes, sondern um der Revolution willen Banken beraubte? Es kann doch nicht möglich sein, daß Boenisch diese Art von Idealismus vorbildlich findet? Wen anders als Niki Lauda, der Kühnheit und Geschwindigkeit auch noch zu *Geld* machen kann, soll sich die rennsportbegeisterte Jugend zum Vorbild nehmen? Ich fürchte Boenisch hegt innere Zweifel an der Marktwirtschaft, obwohl er einer ihrer Propagandisten und Nutznießer ist. Ist er nicht etwas wie der Niki Lauda der Kolumnisten: flott, mitleidslos, kein Autorennfahrer, der rücksichtslos sein *muß*, sondern ein Schlagzeilenrenner, der wahrscheinlich kein Geld für seine segensreiche Tätigkeit bekommt. Der ist ein Idealist wie Poullain. Damit übernehme ich nicht das Urteil Boenischs über Niki Laudas Charakter, den ich nicht kenne. Ich erwarte nicht von einem Rennfahrer, wenn er sich zu diesem Beruf entschlossen hat, daß er mitleidig an den Start geht, und wenn er soviel Geld herausschlägt wie möglich, so verhält er sich systemgerecht. Wie der Idealist Poullain.

Schlimm ist aber, daß Laudas »Kälte« offenbar unser gesellschaftliches Klima beeinflußt, das »schon frostig« genug ist. Nicht einmal der Glaube wärmt mehr. Dafür hat der Pastor Schulz gesorgt. Woher nehmen wir bloß die Wärme? Wie wär's mit ein wenig Nah- und Fernwärme aus den Boenisch-Kolumnen? Überraschenderweise wird die Laudasche Kälte diesmal nicht den Sozialisten in die Schuhe geschoben. Wer mag da wohl schuld sein? Haben da nicht vor etwa einem Jahr (5. Oktober 1975) zwei »zerschlagene Mohrenköpfe« sogar das Geld und die Kälte in den Boxsport gebracht, wo doch Max Schmeling und Bubi Scholz zwar keine reinen, aber doch halbe Idealisten waren: Es steht eben schlecht um uns. »Die durchschnittliche Langeweile, der mühevolle Alltag findet keine Troubadoure. Und doch liegt hier die Kraft, die Hoffnung unserer Zeit und nicht in Krieg und Krise, nicht in Rausch und Raserei.« Wie wahr. »Wenn wir nicht wollen, bestimmen weder Lauda noch andere Artisten des Todes unser Tempo. Sie fahren *für* uns, aber nicht *mit* uns.« Das verstehe ich nun wieder nicht: sie fahren *für* uns. Also doch. Oder? Fährt Lauda also doch *für* uns? »Das Volk auf der Tribüne entscheidet und nicht die Gladiatoren in der Arena.« Soll das etwa heißen: Daumen runter! Lauda opfere dich? Wo er so gegen Raserei ist, dieser Troubadour. Er sollte vielleicht einmal »Das Tagebuch einer Schnecke« lesen.

Peter Boenisch

# Führer ohne Führerschein

**D**ieses ist nur ein Traum, aber was ihn zum Alptraum macht, ist der Zweifel, ob man ihn noch lange träumt oder ihn eines Abends in der Tagesschau hört. Etwa so! Das rote Oberkommando in Bonn gibt bekannt: Alle Autos mit graden Nummern werden eingestampft. Weniger Autos bedeuten weniger Verkehr. Weniger Verkehr bedeutet weniger Unfälle.

Die „Aktion Autoverschrottung" dient also der Volksgesundheit. Die Behauptung, daß die Kraftfahrzeughalter gleich miteingestampft werden, ist kapitalistische Volksverhetzung — gemeinsam erfunden von Springer, Augstein und anderen Schreibtischtätern.

Wegen dieses Komplotts wird allen Journalisten (auch den mit ungraden Nummern) das Auto entzogen. Die sozialistische Bewegung (ML) verordnet ihnen mehr Bewegung. Mit Marx und Lenin, marsch und lauf!

Zuwiderhandlungen werden durch Haft in der Garage (bei laufendem Motor) bestraft. Es ist darauf zu achten, daß der Leerlauf sauber eingestellt ist, damit bei der Bestrafungsaktion nicht zuviel Benzin verbraucht wird. Die Beerdigungskosten werden vom Oberkommando nicht erstattet.

**D**ie verstaatlichten Versicherungen werden angewiesen, die Kraftfahrzeugprämien zu verdoppeln, aber alle Schadensregulierungen bis auf weiteres zu unterlassen. Damit ist ein langjähriger Traum dieses Gewerbes in Erfüllung gegangen.

**Das Oberkommando gibt weiter bekannt:**

Wer auf den in „Lauritzen-Wanderweg" unbenannten ehemaligen Schnellstraßen schneller fährt als ein Genosse geht, wird erschossen. Überholen ist nunmehr endgültig verboten. Andreas Baader und Ulrike Meinhof werden auf der Autobahn als Hilfspolizisten eingesetzt.

**Das Oberkommando ist stolz darauf, daß in der Bundesrepublik auf allen Allende-Plätzen freiwillige Selbstverbrennungen von Autos begonnen haben. Einige ehemalige Autobesitzer opferten sich gleich mit. Diesen Helden der Verkehrsverdünnung wird die Lauritzen-Medaille posthum verliehen.**

Das Oberkommando ruft alle vom Joch der Arbeit endgültig befreiten Arbeitnehmer der Auto- und Zuliefererindustrie zum langen Marsch über die ehemaligen Autobahnen auf. Ziel: wird noch bekanntgegeben. Hauptsache, es wird marschiert! Transparente: „Wir sind keine Arbeitslosen, wir sind Arbeitsfreie! Volle Rente schon ab zwanzig!"

**D**ie schon gegen die Regierung Brandt erhobene Verdächtigung, es handle sich um autofeindliche Maßnahmen, wird vom Oberkommando mit Entrüstung zurückgewiesen. Um zu zeigen, wie ernst es uns mit der Lebensqualität ist, wird ab sofort die Benutzung von elektrischen Geräten und anderen Gefahrenquellen genehmigungspflichtig. Bis auf eine Steckdose pro Haushalt werden alle anderen versiegelt.

Das Essen mit Messer und Gabel ist zu unterlassen. Wie in der Steinzeit genügen die Finger. Schließlich gab es 1972 in deutschen Haushalten 2 Millionen Unfälle mit 11 000 Toten.

Außerdem wird der Tempo-Stop ab sofort auch in allen Fabriken eingeführt. Alle Maschinen dürfen nur noch mit halber Kraft laufen. Denn als sie 1972 noch mit voller Kraft liefen, gab es 2,5 Millionen Unfälle mit 6100 Toten.

Es ist zwar unbewiesen, daß langsamere Maschinen weniger Unfälle verursachen. Aber das war schließlich auch mal auf der Autobahn unbewiesen.

**D**as Oberkommando hat deshalb im Sinne bester Bonner Traditionen beschlossen, daß für einen einmal begonnenen Unsinn der Grundsatz der Verfassungsgleichheit gilt. Alle haben Anspruch auf den gleichen Unsinn.

Noch gibt es das rote Oberkommando nur im Untergrund. Aber: Das total besiegte Deutschland scheint nach vorübergehendem Bekenntnis zur Leistung, das total gebremste Deutschland werden zu wollen. Es geht nicht allein um Tempo 120. Es geht um staatlichen Machtmißbrauch und Regierungswillkür.

**Dieses gutwillige, fleißige Volk hat diese sozialistische Vollbremsung nicht verdient. Genossen mit Scheibenbremsen in den Socken. Es ist bestürzend und beängstigend, wie diese Regierung immer wieder — den Rat aller Fachleute mißachtend — den Wunsch des Gedankens zum Maß ihres Handelns macht.**

Ob Inflation, Ost-Politik, Mitbestimmung, Kampf gegen Radikale oder Tempo auf der Autobahn, diese Regierung verschätzt sich immer wieder. Von falschen Voraussetzungen ausgehend, mit Zahlen manipulierend, täuscht sie sich und das Volk. Gutwillig, aber engstirnig, widersprüchlich und steuerlos, treibt sie, mit Kraft und Kräften am falschen Platz, in die falsche Richtung.

Der Kanzler des Autolandes Deutschland fährt nicht selber. Er läßt fahren.

**Führer ohne Führerschein. Man merkt's.**

**PS:** **Willy Brandt wollte in diesen Wochen der Enttäuschung zurücktreten,** das ehrt ihn. Noch mehr würde ihn ehren, wenn er es auch täte. Und wenn es nicht geht, kann da nicht wenigstens Lauritzen gehen?

BILD am SONNTAG, 24. 2. 1974

# Sei nett zu Willy!

**Sei nett zu dem gestürzten Willy, sagte sich Leonid der Große, fast gestürzt, aber genesen von Krankheit und wiederauferstanden aus Intrigen. Kreml-Phönix aus Scheljepin-Asche.**

Der mächtige Herrscher eilte zu dem eher ohnmächtigen Träumer, um ihm schon auf dem Flugplatz den zweithöchsten Salut zu erweisen, den die Sowjetunion zu vergeben hat: Ein Händedruck des Ersten Sekretärs der KPdSU.

Mehr ist dort nur der Bruderkuß. Aber wäre das in aller Öffentlichkeit geschehen, hätte Honnecker am heimischen Fernseher sich etwas angetan. So endete die Szene der Moskauer Friedensoper ohne direkten Bruderkuß und ohne indirektiren Brudermord.

★

Sei nett zu Willy, sagte sich auch der Chronist. Es ist doch schon, daß auch wir Deutsche (West) einen haben, den die Russen mögen. Schließlich sind sie übermächtig, u aollen mit ihnen in Frieden leben.

Mit ihrer Unzahl von Panzern und Bomben direkt vor unserer Haustür machen sie einem den Frieden und das Leben nicht gerade leicht. Wie tröstlich, daß wir dann außer den Kommunisten einen Willy haben, dem das Reden mit den roten Boja-

BILD am SONNTAG, 6. 7. 1975

ren so glatt von der Zunge geht. Hauptsache, wir gehen dabei nicht baden. Und te nicht auch schon wieder, warnte besorgt die „Frankfurter Allgemeine Zeitung".

Der guten alten Tante FAZ war auf die Nerven gegangen, daß Brandt an der Krim, damals noch Kanzler, „mit Breschnew in der Badehose posierte".

Doch was als Kanzler sich nicht gehört, steht einem Parteichef frei. Meinetwegen kann er sich vor den Russen nackt ausziehen, wenn dabei mehr herauskommt, als er selber.

★

Seid nett zu Willy! Schließlich verleugnet er sich selbst, wenn er mit den gleichen Russen scherzt, die wesentlich zu seinem Sturz beigetragen haben. Ihren Wilhelm (Ost) saß sie placierter an des West-Willy's treuherzige Brust. Während Willy den Führern im Osten die Hand entgegenstreckte, legten sie ihn mit ihrem Wilhelm aufs Kreuz.

**Brandt verlor sein Amt. Nicht nur auf seine Karriere, auf sein Leben fielen Schatten. Politisch und menschlich.**

Nun reist er wieder. Mit ausgestreckter Hand und mildem Blick. Ein Handlungsreisender mit dem Bauchladen des guten Willens. Ein guter Mensch mit Fernweh und gestörtem Heimatgefühl. Mehr internationaler Sozialist als hanseatischer Lübecker. Zuhause wohnt das Schlechte,

in der Ferne liegt das Glück: Peter Stuyvesant der SPD auf Ostkurs.

★

**Seid nett zu Willy!** Man möchte es trotz allem sein. Wer sein Gesicht genauer betrachtet, bemerkt, daß durch diese Falten nicht nur die Freuden des Lebens gelaufen sind, sondern auch die Enttäuschungen über die Freunde.

Die Erfahrungen haben ihn nicht besser und nicht schlechter gemacht – er ist vor ihnen geflohen. Nach oben. Den Göttern entgegen. Und den Göttern gleich erklärt er, kaum an der Kreml-Kirche angekommen:

*„Das Friedenswerk, an dem wir arbeiten, fordert, wie mir scheint, immer wieder das sabotierende Ressentiment der Kleinmütige, Engstirnigen, der Ängstlichen heraus, die ihrer selbst und ihrer Sache nicht allzu sicher zu sein scheinen... Furcht ist die Arbeit am eigenen Grab."*

**Spricht so ein Heiliger oder ein Tor?** Da wird jeder, der bei der „Arbeit am Friedenswerk" nicht so will wie er, zur feigen Maus. Mäuserepublik Deutschland mit nur einem stolzen Adler, der als unser aller Friedensengel über den Wolken schwebt. Ich, Adler Willy fliege. Genosse Prometheus.

*Hier schwingt die gleiche Hybris ihre Flügel, die*

*Brandt sagen ließ: „Auf einer Seite steht, über die eigene Partei hinaus, das anständige Deutschland." Und nun auch das tapfere. Die mutigen Friedenswerker.*

**D**ie anderen werden bei Brandt ängstliche Grabschaufler, die sich unanständigerweise vor Russen und Kommunisten in die Hosen machen. Bei Wehner sind sie sowieso alle Nazis, und „folgerichtig" wird dann Schmidt mit Müller verglichen, dem letzten Kanzler der SPD vor der Machtübernahme durch die NSDAP.

**Und da soll man noch nett sein?**

Dieses Land war einmal als Autoland auf dem Weg zum Zweitwagen. Jetzt als Arbeitslosenland haben wir den Zweitpräsidenten. Brandt als Scheel für die Roten. Ob das der richtige Weg in die Zukunft ist?

Inzwischen gibt es bei uns weniger Menschen, die zur Arbeit pendeln. Dafür haben wir zwischen Tito und Breschnew einen Pendler mehr.

**P.S.** Wie wäre es, wenn unsere Politiker zuerst die Probleme zu Hause anpackten. Reist auch zu den Feinden, aber reicht erst dem politischen Gegner im eigenen Land die Hand, statt ihn im Ausland mies zu machen und herabzusetzen. Gemeinsam seid ihr draußen stärker. Auch als Friedenswerker.

**Nun sind diese Deutschen schon geteilt und trotzdem fast nie einig.**

Moskauer Nächte
Zeichnung: E. M. Lang, aus Süddeutsche Zeitung

BILD am SONNTAG, 6. 7. 1975

# Meine Meinung

Peter Boenisch

# Es war einmal ein Sport ...

Sie, ein Mann und eine Frau, haben sich angeschrien. Die Frau hat ihre Koffer erst gar nicht ausgepackt. Der Mann wollte seine hübsche Freundin nicht aus dem Bett werfen. Die Frau raste zum Flugplatz und flog sofort zurück. So als sei der Flug von New York nach Manila eine Fahrt mit dem Bus um die Ecke.

Ein Bett war zur Bühne geworden, ein Hotel zum Welttheater. Gelbe, Schwarze, Weiße, darunter diesmal sogar Russen, hörten, sahen, fühlten, schmeckten den großen Krach vor dem großen Kampf.

Der Trainer fluchte: „Diese Weiber. Was man in 10 Jahren aufgebaut hat, das machen sie in 10 Minuten kaputt." Eine Sexbombe auf zwei dunklen schlanken Beinen war zum Feind des Sports geworden. Sport?

**Am nächsten Morgen machte der Größte ein ernstes Gesicht. Gen Mekka und gen Bethlehem.**

Er sprach zwar nicht von Scheidung, aber die Freunde taten es. Und die Presse. Und das Fernsehen. Doch da, o Graus, merkten die Supermanager des Supermannes: Sie hatten die Schraube überdreht.

Die Menschen, die die Gewalt eines Ehekraches öfter und härter spüren als die Kraft eines Faustschlages, nahmen die Sache ernst. Besonders in Amerika, wo die Ehefrauen mehr gefürchtet sind als die Boxer. Der Kartenverkauf für die Übertragung in den Kinos stockte. Die Leute rechneten mit der Verschiebung des Kampfes. Im Jahr der Frau hatten die Frauen mit den wohlklingenden Namen Belinda und Veronica zugeschlagen. Mit ihren Waffen, und diesmal ohne zu kratzen.

**Der große Meister, der zwar nicht die Weißen liebt, aber die Weiber, schien schon vor dem Kampf k. o.**

Um zu beweisen, wie lebendig er ist, mußte er wieder Sprüche klopfen. Brutale Sprüche: „Auch wenn meine Kinder verunglücken, verbrennen würden – ich würde antreten und boxen." Termingerecht versteht sich.

**Wenn es um so viele Dollars geht, wird auch der lässigste Wehrdienstverweigerer zum pünktlichen Preußen. Der Kartenverkauf lief wieder.**

Doch nun waren die kleinen Gelben wütend auf den großen Schwarzen. Schreiend und anklagend standen demonstrierende Mütter vor seinem Hotel und hielten ihm ihre niedlichen mandeläugigen Babys entgegen. Nieder mit Cassius, dem Babyfresser aus dem amerikanischen Busch!

Nun kann man über Muhammad Ali und sein ganzes Theater denken, was man will – eines ist unbestritten: Er ist wie so viele Schwarze besonders kinderlieb. Er liebt seine Kinder, seine Mutter und sich mit an Sicherheit grenzender Wahrscheinlichkeit mehr als Mohamed den Propheten.

**Leider hat Ali, dieser späte Sohn Allahs einen Riesenfehler: Für Geld sagt er alles.**

Soll man, darf man einem Schwarzen im Land des Dollars das übelnehmen? Oder muß man nicht eher über eine Gesellschaft nachdenken, die so viel Theater und Show braucht, um zwei wirklich außergewöhnliche Boxer boxen zu sehen?

Reagieren wir nicht mehr auf den Reiz der Leistung? Reizt uns nur noch der Skandal oder die letzte Sensation: Die Sensation des Todes? Der Tod beim Autorennen, der Tod im Ring?

Warum muß die Szene zwischen den Seilen mit so viel Haß aufgeladen werden?

Ich bin mit zwei großen deutschen Boxern befreundet: Mit Max Schmeling und mit Gustav Scholz. Beide konnten hart schlagen und genau treffen. Beide haben gerne Geld verdient. Aber keiner von beiden hat seine Gegner gehaßt. Im Gegenteil, Max Schmeling war meistens mit ihnen befreundet. Scholz war kühler. Sie nannten ihn nur „Bubi".

Schmeling war mehr Sportsmann. Scholz schon immer ein guter Geschäftsmann und insoweit ein Vorläufer der heutigen totalen Vermarktung des Boxens, das mal ein Sport war.

**Jedoch: Haß im Ring? Das war beiden eine unbekannte Größe. Für Max und Bubi weiter weg als Allah für Ali.**

Was ist inzwischen geschehen? Sind die Boxer charakterlich schlechter geworden? Wohl kaum. Das Publikum verroht.

**Kaputter als die Boxer sind wir.**

Überall, nicht nur beim Boxen, gibt es immer mehr gewaltgeile Zuschauer. Im Kino bestaunen und beklatschen wir sadistische Visionen. In dem Film „Rollerball" bringen sich die Athleten der Zukunft um. Und die Wirklichkeit? Sie ist nicht mehr weit vom Kintop entfernt.

Die Menschheit rast auf der Rennstrecke der Brutalität nach. Der Vernichtung entgegen?

Der Boxkampf in Manila wurde zum Kampf um das Leben. Frazier war am Rande des Todes. Und auch bei dem Sieger Clay wußte man nicht genau, ob er, nach dem Kampf betend – Allah näher war oder dem Kollaps.

**Aus dem Boxgeschäft scheint ein Mordgeschäft zu werden. Schade, es war einmal ein schöner Sport.**

Gibt es einen Ausweg? Wohl kaum. Es sei denn, man sieht alles, wie manche Ärzte und der „Playboy", sexuell. Sagte doch Frazier dem Nackedei-Magazin

der Familie Saubermann: „Wenn man für sieben Wochen ohne Sex ins Trainingslager geht, ist man ziemlich stark."

Also auf, ihr Belindas und Veronicas! Zetert weniger, liebt mehr.

Sieben Wochen ohne Sex sind zu gefährlich. Dieses „seven-up" nach „sieben-ohne" macht zu aggressiv. Dann spielen plötzlich ganze Völker „Rollerball".

Die Menschen müssen mehr in die Betten, damit sie wieder ruhiger werden, oder der Nervenkitzel wird gnadenlos weitergehen. Das nächste Mal boxen dann Clay gegen Frazier mit verschärften Bedingungen. Mit Messer im Gürtel. Oder zwischen den Zähnen.

Und wenn auch das nicht mehr reicht, tritt Cassius Clay alias Muhammad Ali im Ring als Ben Hur gegen einen Löwen an. Natürlich gegen einen ausgehungerten Löwen.

**Ring frei, damit der Ring sich schließen kann. Die nachchristliche Gesellschaft fliegt zurück in die vorchristliche Grausamkeit. Goodbye, auf Wiedersehen bei den Spielen der alten Römer!**

**Die Bilanz der Galdiatorerschlacht im Circus Maximus von Manila**

- 700 Millionen Fernsehzuschauer
- 9 Millionen Mark für Clay
- 4 Millionen Mark für Frazier
- 50 Millionen Mark Gewinn für die Veranstalter und, last not least: 2 zerschlagene Mohrenköpfe.

## Meine Meinung

PETER BOENISCH

# Die Rattenfänger von 1976

**Ein Hamburger Pastor glaubt nicht an den Gott der Bibel, nicht an das ewige Leben. Und dem Österreicher Niki Lauda ist ein kurzes Leben mit Vollgas lieber als ein langsames Leben im ersten Gang.**

**Das verbrannte Gesicht hat Vorfahrt vor der heilen Haut.**

Ganz schön verrückt diese Welt, aber ist sie wirklich verrückter als frühere Zeiten und Welten?

Zweifelnde Pfarrer hat es schon immer gegeben. Nur: So überflüssig wie jetzt waren diese schwankenden Weiden Christi noch nie. Ein bißchen Halt soll uns das Kreuz des Pfarrers geben. Helfen soll uns sein Glaube. Aber er, gebeugt von der Last seiner erkennenden Zweifel, wirft sie uns vor die Füße. Statt unseren Seelenmüll abzuholen liefert er seinen bei uns an.

Ein fehlprogram-

BILD am SONNTAG, 24. 10. 1976

mierter Gottesdiener.

Statt uns himmlischen Trost zu spenden, gibt er uns den irdischen Trost, daß es ihm auch nicht besser geht als den meisten von uns.

So viele Christen glauben nicht so recht an Christus. Er auch nicht.

So viele Zeitgenossen glauben nicht an eine Auferstehung. Er auch nicht.

Nichts desto trotz wird er Pastor – und möchte es bleiben.

Niemand hindert ihn, genausowenig oder noch weniger zu glauben, als andere. Es gibt ungläubige Wirte, ungläubige Puffmütter, ungläubige Polizisten und ungläubige Richter. Aber ein ungläubiger Pastor – das ist der tragische Fall von falscher Berufswahl.

Dieses Menschlein namens Schulz erinnert mich an die Radikalen, die ganz selbstverständlich Beamte, Lehrer, Staatsanwälte des Staates werden möchten, den sie abschaffen wollen.

Die persönliche Inkonsequenz wird zum neudeutschen Bürgerrecht. Hauptsache, die Kasse stimmt – und die Pension. Und der Bekanntheitsgrad. Ein Buch, ein geschenkter Gaul des Ruhms ist immer drin. Oder eine neue Sekte.

Die Rattenfänger von 1976 machen Mäuse.

Spezialist auf diesem Gebiet ist Niki Lauda, der Mann mit dem Pergamentgesicht und dem Rechenhirn. Wenn das Unglück es will, wird er heute in Japan Weltmeister.

Ein meisterlicher Fahrer. Gewiß. Ein willensstarker Mensch. Auch das. Aber ein Meister sollte auch Vorbild für Lehrlinge und Gesellen sein.

**Ein Weltmeister ist ein Leitbild. Lauda ist nicht einmal eine Leitplanke.**

Ein Gladiator der Neuzeit, ein Maschinenmensch der Computer-Ära. Mitleidlos gegen sich und gegen andere. Ein rasender Automat, ständig bereit zu explodieren.

BILD am SONNTAG, 24. 10. 1976

Die anderen Rennfahrer, die alle um ihr Leben würfeln, seien auch nicht viel besser? Mag sein. Aber Lauda ist so eiskalt, daß ein Neger, der ihm die Hand gibt, Gefahr läuft, sich in einen Eskimo zu verwandeln.

Lauda ist ein Weltmeister im Geldzäh-
Lauda ist ein Weltmeister im Geldzählen. Dieser Typ ist in allen Branchen kühl, cool, extra dry. Der Jammer beginnt aber dann, wenn die rennsportbegeisterte Jugend sich diese kühle Brutalität zum Vorbild nimmt.

Unser gesellschaftliches Klima ist schon frostig genug. Der Glaube wärmt auch nicht. Pastor Schulz hat kalte Füße. Und die Kunst hängt uns den Nierenstein um den Hals. Oder ein Stückchen Leiche über das Sofa. Tuberkelgerahmt.

Wenn die Menschen so irre wären wie die Prominenten, wäre es kaum auszuhalten. Aber es ist ja nicht so. Die Welt ist längst nicht so kaputt wie sie erscheint.

Unsere Probleme sind kompliziert, aber nicht unlösbar. Wir können mit der Ölkrise fertigwerden, wenn wir wollen. Mit jeder Regierungskrise, wenn wir wollen. Mit jeder Wirtschaftskrise, wenn wir arbeiten. Mit jeder Sicherheitskrise, wenn wir Opfer bringen.

Die durchschnittliche Langeweile, der mühevolle Alltag findet keine Troubadoure. Und doch liegt hier die Kraft, die Hoffnung unserer Zeit, und nicht in Krieg und Krise, nicht in Rausch und Raserei.

Wenn wir nicht wollen, bestimmen weder Lauda noch andere Artisten des Todes unser Tempo. Sie fahren f ü r uns, aber nicht m i t uns.

Das Volk auf der Tribüne entscheidet und nicht die Gladiatoren in der Arena.

Und ob und wie lange Gott mit uns ist entscheidet nicht Pfarrer Schulz. Gott sei Dank.

BILD am SONNTAG, 24. 10. 1976

**PS.** Ich bin auch einer, dem die Oldtimer lieber sind als die Rennwagen. Aber unsere Nostalgie geht zu weit und wird verlogen. So schön wie Opas Bart und Opas Auto war Opas Welt nicht.

Das Theater des Lebens von heute ist besser als sein Ruf und viel besser als seine Stars, die nur eine Rennstrecke kennen: Vom Ich zum Ich!

BILD am SONNTAG, 24. 10. 1976

# BILD am SONNTAG, 13. 5. 1979

Natürlich ist das schwer zu begreifen, ist ärgerlich, daß sich in Spanien nach vierzig Jahren Franco-Diktatur mehr republikanisches Potential erhalten hat als im gesamten Deutschland nach »nur« zwölf Jahren Diktatur. Dieses spanische Wunder hat viele Ursachen, die ich hier nicht erläutern kann. Es ist, wo wir doch »nur« zwölf Jahre Diktatur hatten und die Spanier vierzig, natürlich eine ziemliche Frechheit, wenn da eine »vielleicht« 17jährige, die »länger spanische Sonne als parlamentarische Demokratie gesehen« hat, einem deutschen Außenminister ein paar unangenehme Fragen stellt. Immerhin waren die innigen Kamingespräche mit Rudel nicht gerade beruhigend, und was *der* jungen Offizieren an »Technik« zu tradieren gehabt haben kann, kann nach vierzig Jahren Weiterentwicklung der Luftfahrt soviel nicht gewesen sein. Wahrscheinlich war's Veteranengerede, Bramarbasieren, Lagerfeuerromantik, der Krieg als Abenteuer, als Erlebnis, inneres und äußeres. Vergessen wird bei derlei Abenteuergerede, daß der wahre Abenteurer – Entdecker, Expeditionsreisende – auf *sein,* sein *eigenes* Risiko zum Abenteurer wird, den man bewundern kann. Kein geringerer als Saint-Exupéry hat gesagt: »Der Krieg ist kein Abenteuer, er ist eine Krankheit wie der Typhus.« Typhus ist eine ansteckende Krankheit, Veteranengeschwätz über den Krieg – der ein Abenteuer auf kosten *anderer* ist, die nicht gefragt werden, ob sie an diesem Abenteuer teilnehmen wollen – birgt also die Gefahr der Ansteckung. So ganz harmlos können Rudel-Runden also nicht gewesen sein. Immerhin: Die Señoritas, die da den geplagten Genscher befragten, hatten »dunkle Augen«. Das versöhnt etwas mit dem schrecklichen Deutschlandbild, das diese jungen Damen hatten. Und da waren ja dann auch zwei ältere Herren, die meinten, wir Deutschen sorgten uns zu sehr um unser Image. Nun, die waren ja auch älter und hatten wahrscheinlich noch viel weniger parlamentarische Demokratie gesehen als die »vielleicht« 17jährige.

Zugegeben: Es ist schwierig mit dem »Deutschlandbild«. Wer *macht* sich ein Bild von Deutschland, wer *hat* eins, wie setzt es sich zusammen? Wäre es möglich, daß viele Ausländer nicht vergessen können, was auch einige Deutsche nicht vergessen wollen: was in Deutschland noch vor vierzig Jahren *möglich* war, deutschenmöglich? Der Schrecken sitzt tief, Mißtrauen, wenn auch nicht angebracht, so doch verständlich. Zum Glück scheinen die dunkeläugigen Señoritas nicht gewußt zu haben, daß »spätpubertäre Leutnants« im Suff »mit Papierschnitzeln Judenmörder gespielt hatten«. Spätpubertäre Leutnants? Spielen spätpubertäre Leutnants Judenmörder? Wird's da einem nicht gruselig? Und was sagt Herr Springer dazu? Wenn ein solch makabres Spiel auf diese Weise einfach so »hingeschmissen« wird und mit der Vokabel »spätpubertär« bagatellisiert wird? Nun ja, da waren eben ein paar Leutnants, besoffen, spätpubertär, die haben eben mal mit Papierschnitzeln Judenmörder gespielt – eigentlich dumme Jungens?

Dann wollten die Señoritas wissen, warum über die Terroristen in unseren Zeitungen mehr stünde als über die Nazis. Berechtigte Frage, wo doch die Terroristen monate-, wenn nicht jahrelang als die *einzige* Gefahr dargestellt wurden, die Deutschland drohen könnte. Siehe: »rotes Oberkommando« im Untergrund. Ob dieses Terroristen-Geschüre nicht auch das Deutschlandbild beeinflußt, geprägt hat, während Nordirland *tatsächlich,* Spanien und Italien erheblich vom Terrorismus bedroht waren? Inzwischen gibt es ja schon ausreichend pubertäre, auch frühpubertäre Antisemiten, immer mehr davon unter den »unbekümmerten Fußballfans«, und von dem fürchterlichsten Terrorakt, der in der Geschichte der Bundesrepublik je verübt wurde, beim Münchener Oktoberfest, hat man nichts, nichts mehr gehört. Das war wahrscheinlich ein »Irregeleiteter«, kein Terrorist. Ja, Boenisch hat recht, da ist »jahrelang bewußt und unbewußt (etwas) kaputtgemacht worden« – was »dem Ansehen der Bundesrepublik mehr geschadet (hat), als zehn gute Botschafter und hundert Goetheinstitute wiedergutmachen können«. Ja, es stimmt: »Irgend etwas klappt nicht mit der deutschen Selbstdarstellung.« Es gibt ja nicht nur das Wort »Berufsverbot«, das sogar den verstorbenen Raymond

Aron beunruhigte. Es gab auch den Begriff »Ostpolitik«, der in alle Weltsprachen einging, ein
Begriff, der dem Ansehen der Bundesrepublik
nicht geschadet hat. Nur: die gesamte Springer-
Presse hat alles, alles getan, um diesen Begriff
kaputtzumachen und den, mit dessen Namen er
verbunden war: Willy Brandt. Kaum etwas –
außer der deutschen Nachkriegsliteratur – hat das
Deutschlandbild so positiv mitgeprägt wie der
Begriff Ostpolitik. Ja, da ist manches »bewußt
und unbewußt kaputtgemacht worden«. Und
wenn Boenisch beklagt, daß die Deutschen nur
als »Mr. Schornstein und Mr. Sparkasse« bekannt
sind, vergißt er – gewiß unbewußt –, daß die
Schornsteine in Auschwitz auch geraucht haben.
»Deutschlandbild? Deutschlandbrei? So ganz
schuldlos können wir daran nicht sein.« Stimmt.
Boenisch-Brei? Nein. Brei ist eine Wohltat für die
hungrige Menschheit. Ein Glück nur, daß BILD
im Ausland so wenig gelesen wird. Das Deutschlandbild wäre noch schlechter.

PETER
BOENISCH

# *Meine Meinung*

# Deutsch-stunde in Madrid

**S**ie war blutjung, hatte schwarz-braunes Haar. Die dunklen Augen ihrer vielleicht 17 Jahre hatten länger spanische Sonne als parlamentarische Demokratie gesehen. Trotzdem sorgte sie sich um unsere. Die Senorita aus Madrid fragte den Außenminister aus Bonn, warum es in der Bundeswehr so viele Nazis gäbe. Sie fragte nicht, ob. Sie glaubte, daß. Hakenkreuz marschiert im Gleichschritt mit.

Selbst Genscher, aus dem sonst die Worte sprudeln wie aus einer Mineralwasserquelle, schien einen Moment irritiert. Er schnappte nach Luft wie ein Karpfen. Man sah ihm förmlich an, wie er sich zu erinnern suchte, was denn in letzter Zeit so Schreckliches bei der Bundeswehr passiert sei. Die dicken Bäuche der Majore – von ihm gefährlicherweise als Trost für des eigenen Leibes Fülle angesehen –

BILD am SONNTAG, 13. 5. 1979

konnten es nicht sein. Hier ging es nicht um Wohlstandsspeck der Gegenwart, sondern um Restbestände der Vergangenheit. Aber um welche? Das Alte-Kameraden-Treffen in Arolsen? Doch da hatte die Bundeswehr ja gottlob nicht mitgemacht. Was war es dann? Hatten wieder ein paar Starfighter-Piloten sich mit Stuka-Rudel getroffen, vielleicht um über den Unterschied zwischen gewolltem und ungewolltem Sturzflug Erfahrungen auszutauschen?

Man weiß nicht, welche Höhen und Tiefen der Bundeswehr des Ministers Gedanken in Sekundenschnelle durcheilten und ob ihm jene spätpubertären Leutnants einfielen, die im Suff mit Papierschnitzeln Judenmörder gespielt hatten. Woran er auch dachte, er antwortete knapp und richtig: Unsere Armee ist demokratisch. Extremistische Randerscheinungen gibt es in jeder großen Gemeinschaft.

Yes, Sir. Wie wahr. Dennoch: Die dunklen Augen der Senorita blieben skeptisch.

So sehr sich die Senoritas ähnelten, so ähnlich waren auch ihre Fragen. Warum über Terroristen in unseren Zeitungen mehr stünde als über Nazis, begehrte die nächste zu wissen.

Der Minister antwortete wiederum richtig, daß die Terroristen von heute wesentlich gefährlicher seien als die braunen Schatten aus dem Reich von gestern. Doch wieder blieben die Augen skeptisch, auch wenn die Kamera so gastfreundlich war, schnell weniger ungläubige Gesichter zu zeigen.

Da waren denn auch zwei, schon etwas älter, die meinten, wir Deutsche sorgten uns zuviel um unser Image. Doch wie berechtigt diese Sorge ist zeigte prompt die nächste Frage aus jungem Mund. Warum denn heute in Spanien ein Kommunist Bürgermeister werden könne, in Deutschland aber nicht?

Genscher erzählte geduldig von den schlechten Erfahrungen der Weimarer Demokraten mit Nazis und Kommunisten. Und Bürgermeister, so sagte er, werden die Radikalen von rechts und links deshalb nicht, weil das Volk sie nicht wählt.

Diesmal sah man die fragenden Augen nicht. Wahrscheinlich zum Glück. Kein Politiker kann in einer Fernsehsendung reparieren, was jahrelang bewußt und unbewußt kaputtgemacht worden ist. Allein das Wort „Berufsverbote" (jeder Ausländer, der dagegen Front macht, bekommt demonstrativen Beifall, als sei er ein Freiheitskämpfer) hat dem Ansehen der Bundesrepublik mehr geschadet, als zehn gute Botschafter und hundert Goetheinstitute wiedergutmachen können.

Irgend etwas klappt nicht mit der deutschen Selbstdarstellung. Es ist nicht nur Auschwitz, es sind nicht die Schrecken der Vergangenheit allein, die das Deutschlandbild verzerren. Auch Teile unserer Gegenwart werden zum Gespenst. Unser Fleiß wird genauso überschätzt wie unser Wohlstand. Unser Antikommunismus wird nicht als Sorge um die individuelle Freiheit verstanden, sondern als kapitalistische Furcht vor dem Sozialismus mißverstanden. Wir, inzwischen eher ein zu ziviles Volk, werden immer noch für heimliche Militaristen gehalten. Bei dem Wort Wiedervereinigung bekommt halb Europa in Ost und West Schüttelfrost.

Trotz aller Anerkennung für das neue Deutschland sehen die anderen über unseren Köpfen immer noch und immer wieder die Pikkelhaube. Das Ausland wird das Bild vom Deutschen, der noch im Bett strammsteht, nicht oder nur sehr langsam los.

Unsere wirtschaftliche Tüchtigkeit wird zwar bewundert, aber auch ebensooft beneidet. Mit seinen immer funktionierenden Maschinen hat der immer funktionierende Deutsche für viele Ausländer den Charme eines Zahnrads.

Germany heute, das ist für viele unserer Freunde Mr. Schornstein und Mr. Sparkasse. Bei uns raucht's immer, und im Tresor ist immer was drin. Volle Kassen, hoch die Tassen! Und dann „O du schöner Westerwald . . ."

Deutschlandbild? Deutschlandbrei. So ganz schuldlos können wir daran nicht sein.

Man ist ja schon dankbar, daß im Jahr der Europawahlen wenigstens die Europäer wissen, daß nicht alle Deutschen Lederhosen tragen, Sauerkraut essen, Schuhplatteln und aus zu großen Krügen zuviel Bier trinken.

Landsleute, bleibt gelassen, auch wenn's manchmal zum Jodeln ist.

BILD am SONNTAG, 13. 5. 1979

# BILD am SONNTAG, 14. 7. 1974

Der Anlaß – 250 tote Kinder als Opfer defekter Schwimmtiere – ist grausig, empörend, und ich will die Echtheit dieser Empörung nicht bezweifeln. Und die für diese offenbar sich jährlich wiederholende grausige Katastrophe Verantwortlichen werden auch benannt, die »Geldgier von Produzenten und Importeuren«, die »Gedankenlosigkeit der Händler«. Dann aber kommt eine Formulierung, die mir merkwürdig auffällt: »Opfer der Gleichgültigkeit des Staates.« Ich will nicht unterstellen, daß hier der Staat deshalb als gleichgültig bezeichnet wird, weil er zu diesem Zeitpunkt unter sozialliberaler Regierung stattfand. *Der* Staat: was, wer ist das? Kann *der* Staat gleichgültig sein? Da werden exakt und verdienstvoll, weil hilfreich für kaufende Eltern, alle Fehler dieser Schwimmtiere aufgezählt, wird auf betrügerisch angebrachte Warnungen hingewiesen, die kaum lesbar sind. Aber natürlich ist der Staat gar nicht gleichgültig, er hat die Gewerbeaufsichtsämter eingerichtet. Die aber »bekommen den Handel mit der Gefahr nicht in den Griff. Ist die Ware im Handel, dürfen sie sie nicht mehr beschlagnahmen.« Das war mir neu, eine wirklich willkommene Information, erschreckend genug und bedenkenswert: Eine Ware, die im Handel ist, darf nicht beschlagnahmt werden? Ich weiß nicht, ob das zutrifft. Wenn es zuträfe, müßten die Freiheiten des Handels eingeschränkt oder die Vollmachten der Gewerbeaufsichtsämter verstärkt werden, denn offenbar kann der Handel nicht, wie Boenisch vorschlägt, »auf das Geschäft mit dem gefährlichen Spielzeug verzichten«. Und wenn dann auch die Eltern »beim Kauf nicht kritischer« sind, wo, ja »wo bleibt dann die Sorgfaltspflicht von Vater Staat?« Wie gut wäre es, wenn die Kolumne hier aufhörte oder sich weiterhin mit defektem und gefährlichem Spielzeug, etwa mit verantwortungslos zusammengebauten Fahrrädern beschäftigte. Es ist schon gut, das alles der Sorgfaltspflicht des Staates zu empfehlen. Aber dann wird's unversehens generell: »Überall durch unser Land schleicht Gleichgültigkeit« (was man etwa von den Demonstranten gerade nicht sagen kann!), und da gibt es Gleichgültigkeitsverbreiter, die zwar nicht direkt, aber indirekt für all das mitverantwortlich sind: die Gewerkschaften. Die haben zwar den »freien Handel«, auf den die Gewerbeaufsichtsämter keinen Einfluß mehr haben, nicht erfunden, aber sie sind so verdammt gleichgültig. Da muß einer kurzarbeiten, möchte seinen Gewerkschaftsbeitrag gekürzt haben, das läßt die Satzung nicht zu, wie offenbar die Vorschriften der Gewerbeaufsichtsämter keinen Eingriff in den freien Handel zulassen. Und dabei ist dieser Kollege »ja nicht nur durch Scheichs und Unternehmer, sondern auch durch die Gewerkschaften in Schwierigkeiten gekommen«. Wieso, wird nicht erklärt. Haben die Gewerkschaften ihn zur Kurzarbeit verdammt, oder machen sie ihm nur Schwierigkeiten, weil sie keinen Rabatt auf seinen Beitrag geben? Nun, man kann über die Gleichgültigkeit im allgemeinen oder die »Gleichgültigkeit« der Gewerkschaften im besonderen streiten; da ist schon manches recht schnöde, aber wieso der Kurzarbeiter *durch* die Gewerkschaften in Schwierigkeiten gekommen sein soll, bleibt rätselhaft. Wichtig ist: »Wir brauchen kein neues System, damit weniger Kinder ertrinken, die Menschen besser leben und das Leben etwas leichter wird. Wir brauchen mehr Menschlichkeit, mehr Herz, mehr Mitgefühl, weniger Gleichgültigkeit.« Wie wahr! Und: »Wir brauchen (...) weniger Übergeschnappte. (...) Wenn wir, gerade Weltmeister geworden, die Frauen unserer Weltmeister von übergeschnappten Funktionären aus dem Saal werfen lassen? Da juckt es einem richtig, beim Deutschen Fußball-Bund gegen etwas Rundes zu treten, das kein Fußball ist.« Abgesehen davon, daß *der* Fußballbund keinen Hintern hat, und wenn, dann möglicherweise keinen runden, ahnt man doch, welche *Person* da gemeint ist – und möchte zustimmen. Was bei den Speisen die Soße ist, ist bei den Getränken der Cocktail. Ein Gemisch aus riskanten Ingredienzen, deren Wirkung nicht immer vorhersehbar ist. Diese Kolumne fing gut an: eine schlimme Tatsache wurde dargestellt, kommentiert; detailliert – hilfreich für die Betroffenen – wurden die Defekte an Schwimmtieren aufgezählt, und ein Hinweis auf die generell herrschende Gleichgültigkeit mit anschließendem

Aufruf zu mehr Menschlichkeit, Herz, Wärme wäre auch noch das Recht eines Kolumnisten – aber da mußten die Gewerkschaften und der deutsche Fußball reingewürgt werden, mußte noch darauf hingewiesen werden, daß wir kein neues System brauchen, wo doch die 250 jährlichen Opfer von defekten Schwimmtieren offensichtlich *auch* Opfer eines unvollkommenen Überwachungs*systems* sind.

## Meine Meinung

# Diese verdammte Gleichgültigkeit

**K**inder lachen, planschen. Ein Schrei. Ein Kind ertrinkt. Bunte Schwimmtiere dümpeln vor sich hin, als sei nichts geschehen. Und gerade sie in all ihrer aufgeblasenen Lustigkeit sind schuld an der Tragödie.

250 tote Kinder gehen jährlich auf ihr Konto. 250 tote Kinder klagen an. Opfer der Geldgier von Produzenten und Importeuren. Opfer der Gedankenlosigkeit der Händler. Opfer der Gleichgültigkeit des Staates. Opfer des Leichtsinns der Eltern. Eine Kette der Schuld und am Ende 250 tote Kinder.

Würden sie an einem Tage sterben, würden die Minister an den Gräbern stehen, die Flaggen auf halbmast wehen und die Nation trauern. Hat die Massengesellschaft Mitleid nur noch bei Massenkatastrophen? Das Leid fragt nicht danach, ob ein Mensch einzeln gestorben ist oder im Kollektiv.

Obwohl immer wieder von Presse und Fernsehen gewarnt, geht bei dem Geschäft mit den Schwimmtieren alles weiter im alten Trott, werden immer wieder gesetzliche Sicherheitsvorschriften mißachtet:

● Die zweite Luftkammer fehlt (zu erkennen am fehlenden zweiten Ventil).

● Der vorgeschriebene Aufdruck: „Keine Schwimmhilfe" ist schlecht zu lesen oder wird geschickt verändert in „kein Rettungsring". Gutgläubige Eltern sollen wohl glauben „Kein Rettungsring kann auch kein Todesspielzeug sein."

● Die Nähte sind zu scharf verschweißt und manchmal sogar undicht.

● Die Gewerbeaufsichtsämter bekommen den Handel mit der Gefahr nicht in den Griff. Ist die Ware im Handel, dürfen sie sie nicht mehr

BILD am SONNTAG, 14. 7. 1974

beschlagnahmen.

● All das ist längst bekannt, doch nichts geschieht.

Kann denn der Handel nicht von sich aus auf das Geschäft mit dem gefährlichen Spielzeug verzichten? Warum wird nicht nur solche Ware verkauft, die den Sicherheitsvorschriften entspricht?

Können die Eltern beim Kauf nicht kritischer sein? Schließlich geht es um die Gesundheit ihrer Kinder.

Und wenn alles nicht hilft, wo bleibt dann die Sorgfaltspflicht von Vater Staat? Zwar bekommen und bezahlen wir immer mehr Bürokraten, doch eines vermehrt sich nicht: Die Effektivität der Behörden.

Wenn Leistung erzeugt werden soll, nimmt der Amtsschimmel die Pille.

**Überall durch unser Land schleicht die Gleichgültigkeit. Nicht nur wenn es um Leben und Gesundheit geht, sondern auch bei dem alltäglichen Miteinander-Füreinander. Da zahlt ein Arbeiter jahrelang treu und brav seinen Beitrag an die Gewerkschaft. Jetzt muß er kurzarbeiten. Weniger Lohn. Mehr Sorgen. In hunderttausend Familien. Sie kennen die Lage. Sie erwarten keine Wunder. Auch nicht von den Gewerkschaften. Aber eine Geste der Solidarität: Die Gewerkschaft sollte so lange auf ihren Beitrag (zwischen 7 und 48 DM monatlich) verzichten, wie sie kurzarbeiten müssen.**

**Aber der Gewerkschaftssprecher kontert kühl wie ein Eisschrank: Die Satzung läßt das nicht zu, im übrigen solle man sich an die Arbeitgeber wenden.**

Der Kollege – ja nicht nur durch Scheichs und Unternehmer, sondern auch durch die Gewerkschaften in Schwierigkeiten gekommen – wünscht sich mehr als einen Fingerzeig auf andere. Er will nicht nur mit Sprüchen als Kollege und Genosse behandelt werden, sondern auch mit Taten als Mensch.

**Und zu solch einer kleinen Tat des guten Willens sollten die großen Gewerkschaften nicht mehr fähig sein? Sie gehen nicht pleite, wenn sie mal in ihre eigenen Taschen greifen.**

Seltsam: Ganz gleich, wem die großen Häuser aus Stahl, Glas und Beton gehören, in ihnen scheint das Gefühl zu verkümmern. Und die Kälte mancher Genossen-Manager läßt einen nicht weniger frieren als die mancher Herrenmanager.

**Vielleicht kommt wieder die Zeit, wo wir alle ein bißchen enger zusammenrücken müssen, wo wir uns wieder die Hände reichen und nicht nur die Fäuste zeigen. Wo die Arbeitenden zufriedener und die Herrschenden bescheidener werden.**

**Wird ein Deutscher erst in der Not zum Nachbarn?**

Wir brauchen kein neues System, damit weniger Kinder ertrinken, die Menschen besser leben und das Leben etwas leichter wird. Wir brauchen mehr Menschlichkeit, mehr Herz, mehr Mitgefühl, weniger Gleichgültigkeit. Und weniger Übergeschnappte. Denn wohin sind wir gekommen. Wenn wir, gerade Weltmeister geworden, die Frauen unserer Weltmeister von übergeschnappten Funktionären aus dem Saal werfen lassen?

Da juckt es einem richtig, beim Deutschen Fußball-Bund gegen etwas Rundes zu treten, das kein Fußball ist.

**PS.** Manchmal wäre es schön, wenn von dem „Deutsch-Land, Deutsch-Land", das wir beim Fußball gemeinsam schreien, auch noch etwas im Alltag zu hören und zu spüren wäre.

# BILD am SONNTAG, 9.10.1977

Dieser Beitrag ist der einzige, den wir aufnehmen, obwohl wir darin erwähnt werden. Das mag man getrost auch als Retourkutsche interpretieren. Dieser Beitrag beweist, daß Boenisch polizeigläubiger ist oder tut als die Polizei selbst; daß er unfähig ist, sich zu informieren, »Realitäten« verachtet wie sein Herr und Meister, unsachlich bis zum Exzeß. Wo der Rauch verflogen war, mußte er noch Rauchzeichen geben, und so mag diese seine Meinungskolumne als Beispiel dafür dienen, wie er denn »gearbeitet hat«.

Er hätte wissen müssen, was jeder wußte: Daß in Köln um diese Zeit Hunderte, wenn nicht Tausende Male Rauch durch Denunziation und anonyme Anrufe gelegt wurde, nach dem Muster: rückt die Polizei an, da muß doch »was dran« sein. Der gewaltige Polizeiaufwand, dem René, seine Familie und seine Freunde ausgesetzt wurden, beruhte auf einem anonymen Anruf, der zwanzig Pfennige kostete. *Nichts* war der Anlaß, *nichts* kam dabei heraus; interessant war, daß von einem durchsuchten »Häuserblock« gesprochen wurde, während es sich um einen Gebäudekomplex handelte: Vorderhaus, zwei Hinterhäuser; daß ein leerstehendes Riesenatelier, eine leerstehende Werkstatt, ein halbes Dutzend leerstehender Wohnungen, Räume, in denen Hunderte schwerbewaffneter Terroristen hätten versteckt sein können, *nicht* durchsucht wurden. Nur *eine,* Renés Wohnung, wurde durchsucht. (Dreieinhalb Jahre vorher war unser Sohn Raimund, mit dem René in der Springer-Presse prompt verwechselt wurde – offenbar hat man dort nicht einmal ein Telefon, um die simpelsten Fakten zu recherchieren! –, Opfer einer Springer-Vor-Veröffentlichung.) Und im Gegensatz zu Boenischs Behauptung wußte die Polizei nachweislich sehr wohl, *wessen* Wohnung sie da stürmte. Das war »Deutschland im Herbst« 1977, und Schleyers Tod wurde zum Vehikel für Tausende von Einschüchterungen degradiert. Dieser BILD-Schlag hat gesessen. *So* kann man mit dem grausamen Tod eines Menschen Politik machen und *Meinung* verbreiten. Alle diese Durchsuchungen in Köln wurden blindlings vorgenommen, während die Wohnung, in der Schleyer wirklich versteckt war und hätte gerettet werden können, im Computer verlorenging. Mir ist später ein Fall bekannt geworden, in dem Eltern, wütend über die Wohngemeinschaft, in der ihre Tochter wohnte, einen Dritten veranlaßten, diese anonym zu denunzieren. Da stieg viel Rauch auf in Köln – Feuer wurde keins gefunden. Alle dieser recherchierbaren Fakten hätten wohl nicht zu Boenischs gewaltig tönender Meinung gepaßt. Die Bundesrepublik war um diese Zeit ein Zwei-Groschen-Land, und BILD war nicht unschuldig daran. Nein, nur nicht die Todsünde begehen, die da heißt: differenzieren. Nur nicht recherchieren, immer aus der

Hüfte schießen, seinen ahnungslosen Ahnungen erlegen, unbekümmert drauflos.

In diesem Fall konnten wir, weil es uns betraf, kontrollieren und feststellen, wie wenig Boenisch daran liegt, sich auch nur andeutungsweise sachkundig zu machen. Ein Telefongespräch mit dem Polizeipräsidium in Köln hätte genügt, und trotz aller Verlogenheit und Verlegenheit, die dort mitspielte, hätte er wohl einiges Sachliche erfahren können. Nein, da mußte noch einmal Rauch gelegt werden, nachdem er sich schon zu verziehen schien. Auf wie viele Fälle mag zutreffen, was wir in diesem Fall kontrollieren konnten? Aber auch das, dieser infame Artikel, hätte weiter im Archiv geruht, wäre Boenisch bei Springer geblieben, hätte weiterhin dort seinen Mulm auf-, seine ungenießbaren Soßen angerührt, wäre er uns nicht inzwischen als Regierungsmitglied serviert worden, als Chef einer Behörde, die man als Informationszentrale bezeichnen kann, und wären nicht die meisten Informationsnebenstellen – Funk, Fernsehen und andere Medien – mehr oder weniger tief in die Knie gegangen.

# Meine Meinung

**PETER BOENISCH**

# Die männliche Katharina Blum

Oh, du lieber Heinrich, alles ist hin. Wie soll man in dieser faschistoiden Bundesrepublik noch in Frieden leben?

Nun sucht doch die Polizei tatsächlich nach Waffen und Terroristen. Wer hätte das gedacht?

Sie kommen mit 40 Mann. Unerhört. Warum sind sie nicht nur zu dritt, wie bei Schleyer. Zu dritt kann man sie so schön abknallen.

Der eine Schleyer-Bewacher hatte 50 Einschüsse in Kopf und Körper. Der andere über 60. Der Mord als blutverschmiertes Ritual.

Ein Schuß dieser teuflischen Munition genügt zum Töten. Aber sie schießen aus allen Knopflöchern.

Und keineswegs aus blinder Angst, denn dann hätten sie auch den zu entführenden Schleyer treffen müssen.

**Hier hat nicht nur fanatische Wut – hier hat der kalte Haß den Finger am Abzug.**

Und nach den ersten Krokodilstränen über die Untat beweinen international angesehene Schriftsteller wie Heinrich Böll und Luise Rinser ihr nationales Schicksal. Böll jammert sogar: „Ich habe Grund, um meine Familie zu fürchten."

**Man könnte verstehen, wenn das Frau Ponto sagt. Aber Böll?**

Er erzählt: 40 schwerbewaffnete Polizisten seien auf seinen harmlosen Sohn eingestürmt.

BILD am SONNTAG, 9. 10. 1977

**E**rstaunlich, wie lax Schriftsteller im Umgang mit der Wahrheit sind.

**Sie „wallraffen" die Tatsachen:** Die Polizisten wußten bei ihrer Suche nach Waffen überhaupt nicht, daß sie in dem verdächtigen Haus auch Böll junior finden würden.

Aber Böll senior, sich verfolgt fühlend von der Presse und des Staates finsteren Mächten, klagt: „Was wir erleben, ist, was auch mit den Juden zum Anfang gemacht wurde."

Wer das im Ausland hört, muß fürchten, in der Bundesrepublik Deutschland würden demnächst Schriftsteller verfolgt und vergast.

Die politische Begabung des Heinrich Böll steht im umgekehrten Verhältnis zu seinem schriftstellerischen Genie. Die Phantasiegestalten seiner Romane sind Teile seiner politischen Vorstellungswelt geworden.

**Böll lebt in der Sehnsucht oder in der Furcht, eine männliche Katharina Blum zu werden.**

Die „Stimmungsmache" gegen vermeintliche intellektuelle Sympathisanten des Terrorismus „sei lebensgefährlich", sagt Böll. Auch das ist falsch. Lebensgefährlich sind die Terroristen. Des Volkes linke Dichter leiden an Selbstüberschätzung und unangemessenem Selbstmitleid, wenn sie die notwendige Auseinandersetzung mit den Ursachen des Terrorismus zur „Hexenjagd gegen Intellektuelle" hochpusten. (Die Rinser allen voran, weil sie, in Rom lebend, die deutschen Verhältnisse besonders gut kennt).

**B**aader ist kein Intellektueller. Und Böll ist nicht der Vater von Baader.

Aber Bölls und anderer Mitschuld an der Verharmlosung terroristischer Gewalt (denn es ging ja anfänglich nur um „Gewalt gegen Sachen"), diesen Fleck wäscht niemand aus ihrem Hemd.

Die Verharmlosung individueller Gewalt läßt sich auch nicht dadurch ungeschehen machen, daß man neue Mißbräuche staatlicher Gewalt und wirtschaftlicher Macht erfindet und in die Welt posaunt.

**Diese Republik benimmt sich in der Abwehr des Terrorismus keineswegs hysterisch.**

Die ach so böse Springerpresse fordert keineswegs die Wiedereinführung der Todesstrafe. Und überall, auch hier steht zu lesen, daß die Gewalttäter unter dem Sowjetstern der RAF in einer anderen Zeit auch Gewalttäter unter dem Hakenkreuz der Nazis hätten werden können.

**U**nsere Politiker – von Schmidt bis Strauß – sind besonnen, und keiner von ihnen bläst in

BILD am SONNTAG, 9. 10. 1977

**den glimmenden Zorn des Volkes.**

Was habt ihr nicht alles über Strauß behauptet?

● „Zweiter Hitler", „hochkarätiger Lump" (Graß);

● „Anti-Demokrat Nummer 1" (Engelmann);

● „Gefahr Nummer 1 für den Frieden" (Professor Geiss);

● „Kraftwerk mit unterentwickelten Sicherungen" (Willy Brandt);

● „öffentliche Gefahr" (Graß).

Inzwischen mordet die Rote Armee Fraktion, und der „schwarze Reaktionär Strauß" mahnt zu demokratischer Gemeinsamkeit und unterscheidet in einer bedeutenden Bundestagsrede sehr deutlich zwischen Linken und linken Gewalttätern.

Niemand will den Bölls und Graß' was Böses. Aber politisch macht ihr euren Wirbel auf der falschen Blechtrommel. Und singt euer garstig Lied nach den Noten der unseligen Vergangenheit.

**Diese Republik verträgt und erträgt eure Kritik, weil sie nicht so ist, wie ihr sie seht.**

**PS.:** Niemand verlangt von euch öffentliche Selbstkritik nach Art kommunistischer Gesellschaften. Aber wie wär's mit ein wenig stiller Einsicht in begangene Irrtümer, statt des lauten Jammers über die angebliche Hexenjagd?

BILD am SONNTAG, 9. 10. 1977

Mein Versuch, das Weltbild von Boenisch zu ergründen, ist mißglückt. Ob es an mir liegt oder an ihm, wüßte ich nicht zu sagen. Zweifellos hat er eine Weltanschauung: fest oder gar fest umrissen ist sie nicht. Nur eines ist für ihn sicher: Mit den Sozis sollte man keinen Staat machen; widersprüchlich ist sein Verhältnis zum Kapitalismus und zur Marktwirtschaft. Er hat den guten »Griff«, den ein Kolumnist braucht, »greift« die Story, die Anekdote, die, würde sie konsequent analysiert, aus dem Vordergrund in den Hintergrund weitergeführt, bezeichnend werden könnte, aber da muß er dann immer wieder die Linken reinwürgen, die Sozis verantwortlich machen, da wird auf eine Weise »versoßt«, die einem den Appetit verdirbt, oft genug den Magen umdreht. Was naheliegt, wird weit weggerückt – etwa die Tatsache, daß die Deutschen ja wirklich ziemlich mißmutig ihren Wohlstand genießen und lustlos ihre Grenzen heimwärts überschreiten; was sorgfältiger Analyse würdig wäre, wird durch das »Weithergeholte« erklärt: die Linken sind schuld. Sie sind an allem schuld. Sie haben die Mauer zwar nicht gebaut, aber auch nicht abgetragen. Dieses andere Deutschland da drüben ist ja vom Himmel gefallen, vom linken Himmel – es ist nicht das traurige Ergebnis einer deutschen Geschichte, die die Sowjetunion geradezu eingeladen hat, zuzugreifen. Daß der Vietnam-Krieg so entsetzlich endete, sind nicht die schuld, die ihn angefangen haben, sondern die, die gegen ihn demonstriert haben. Der *Vordergrund* wird dargestellt, die entsetzlichen Szenen am Ende des Krieges, die wir alle gesehen haben – daß *kein* Krieg, gleichgültig, wer an ihm schuld sein mag, in plötzlicher Harmonie endet, wird nicht gesagt, und es wird nicht darauf hingewiesen, daß Vietnam – einst Indochina genannt – ja schon einen Krieg mit den Franzosen hinter sich hatte, als der mit den Amerikanern begann, der, obwohl nie Krieg genannt, einer der grausamsten war, und immer wieder, auch in der Vietnam-Kolumne, muß er seine Seitenhiebe unterbringen: »Emigration des Gewissens. Und die hatten wir schon zu oft.« Ich weiß nicht, was das heißen soll im Zusammenhang mit den Anti-Vietnam-Demonstranten und der Schilderung des entsetzlichen Kriegsendes dort. Ist wieder einmal Willy Brandt gemeint? Oder Thomas Mann, Brecht, Hermann Kesten – die 500 000, die Deutschland verlassen mußten, weil ihr Leben in Gefahr war? Was soll das: »Emigration des Gewissens«? Die »Brandts und Gollwitzers« – die Pluralisierung von Namen ist ein beliebter Trick, eine Nebenform der Sippenhaft –, die sind natürlich schuld an dem ganzen Elend, weil sie *hier* die Mauer, den Stacheldraht, die Todesstreifen, die Minen *nicht* beseitigen können.

Schuld müßten dann auch die vielen Millionen junger Amerikaner sein, die *erfolgreich* gegen diesen schmutzigen Krieg demonstriert haben. Immer wieder wird die *Hinterlassenschaft* eines Krieges, einer Diktatur denen aufgebürdet, die das Erbe übernehmen: in Portugal, in Nicaragua, in Vietnam. Wie sähe Vietnam wohl aus, wenn die USA dort Kriegsschäden bezahlten? Welches Nicaragua hat Somoza *hinterlassen?* Welche Stümper müssen doch die Sandinisten sein, daß sie in fünf Jahren nicht die Mißwirtschaft, die Folgen der Korruption in einem Land beseitigen konnten, dessen Diktator sogar die Blutspenden, die nach einem grauenvollen Erdbeben nach Nicaragua geflogen wurden, in den USA verscheuerte? Ja, Blut, kein symbolisches, echtes, richtiges, für die Erdbebenopfer bestimmtes Blut. Wäre das nicht auch einmal eine Kolumne wert: Blut aus Nicaragua für Amerika. Aus Brasilien, einem »freien westlichen« Land, wird Blut, kein symbolisches, echtes Blut, exportiert, das sich Väter und Mütter um ein paar Groschen abnehmen lassen, damit sie einmal, *einmal* ihre Familie sättigen können. Welch eine Kolumne ergäbe das. Und der so begehrte und gleichzeitig verhöhnte Kissinger? Immerhin hat der in Zypern angezettelte Staatsstreich *gegen* Kissingers Willen die Obristen, die er so favorisiert, gestürzt. Eine Kolumne über die Erblast von Diktatoren?

Nein, ich konnte das Weltbild von Boenisch nicht entdecken. Es ist doch nur ein BILD-Bild, also ein schiefes.

Es wäre nicht schwer, sich die Boenisch-Kolumnen vorzustellen, die hier fällig wären, wenn unter einer sozialliberalen Regierung

1. die Ostberliner Vertretung der Bundesrepublik geschlossen worden wäre.
2. wenn Bahr nach Zahlung von zwei Milliarden Mark so wenig mitgebracht hätte wie Strauß und Jenninger ...
3. wenn die Affären: Amnestiegesetz, Kiessling, Buschhaus unter einer sozialliberalen Regierung stattgefunden hätten – schweigen wir von den Rentenkürzungen, Lehrstellenmangel, Arbeitslosen. Alles in allem wäre das Futter für einige Jahre BILD-am-SONNTAG-Kolumnen gewesen: da wäre geschmettert, gedonnert, denunziert worden.

Das kann er nun nicht mehr. Er muß die Politik dieser Regierung verkaufen. Und das tut er gelegentlich auch in BILD.

# *Meine Meinung*

**Peter Boenisch**

# Schmutzige Ostern

Flüchtlinge krepieren auf brennenden Lastwagen. Menschen rennen auf die Rollbahn und verhindern die Landung der Flugzeuge, auf die sie so verzweifelt warten. Fliehende Soldaten stürzen ins Wasser. Väter lassen ihre Kinder, Brüder, ihre Geschwister im Stich. Verwundete verrecken im Straßengraben. Eine Mutter weint, wie nur eine Mutter, die ihr Kind sucht, weinen kann. Ein Volk blutet und stirbt.

Und eigentlich ist Waffenstillstand. Eigentlich sollte Friede sein auf Erden. Für dieses Stückchen Erde beschlossen und besiegelt am 27. Januar 1973 in Paris.

Seit dem Ausbruch dieses glorreichen Friedens sind mehr Vietnamesen ums Leben gekommen als amerikanische Soldaten in den 12 Jahren ihres Einsatzes in Vietnam. Damals opferten die Amerikaner nicht nur andere, sondern auch sich selbst.

Trotzdem sprach die Welt vom „schmutzigen Krieg".

Wie schmutzig ist dann erst ein Krieg, in dem nur noch die anderen sterben? Ist das nun der noch schmutzigere oder der schmutzigste aller Kriege? Wo bleibt der weltweite Protest? Wer hört den Aufschrei des Weltgewissens?

In Südostasien ist jeden Tag Karfreitag. Die Kinder Gottes werden hier bündelweise ans Kreuz geschlagen. Und überall, in Washington, Moskau, Peking und auch bei uns gibt es den Statthalter Pilatus – im Dutzend billiger. Sie alle waschen ihre Hände in Unschuld. An ihren Fingern klebt Blut.

Die Welt bleibt stumm, verleiht sich Friedensnobelpreise, applaudiert sich. Claque im Frack. Und die kleinen Gelben mit den viel zu großen Helmen auf den Kinderkörpern sterben. Die Tagesschau wird zur Horrorsendung. Das Fernsehen legt die toten in unser Wohnzimmer. Und die noch Lebenden, die Angst im Nacken und den Schrecken des Krieges in den Augen, marschieren an unserem Fernsehsessel vorbei.

BILD am SONNTAG, 30./31. 3. 1975

Schreckensparade vor Erdnüssen und Bier.

**Doch draußen vor unserer Tür, da marschiert keiner mehr, rüttelt niemand die Bürger aus ihrer Ruhe.**

Die Ostermarschierer, die so leidenschaftlich gegen den eventuellen Atomtod von Überübermorgen protestierten, scheint der Tod von heute nicht zu interessieren. Die Vietnamdemonstranten beschimpfen nicht einmal mehr Amerika. Warum? Weil in der politisch richtigen Richtung von links nach rechts und in Vietnam von Norden nach Süden gemordet und gemetzelt wird? Wird unter roten Fahnen nur noch für ein Leben unter Hammer und Sichel demonstriert?

**Darf Mensch nur sein, wer Genosse ist?**

Angebetet und besungen haben die Brandts und Gollwitzers das Gewissen einer erwachten Generation. Wo schläft es jetzt?

Hätte uns nicht schon immer auffallen müssen, daß der deutsche Protest unter einem seltsamen Fernweh litt. Mochten die Landsleute an Mauer und Stacheldraht verbluten, unsere Demonstranten auf unseren Straßen waren immer mindestens 6000 km von unserem Schicksal entfernt. Der deutsche Protest war noch reiselustiger als der deutsche Tourist.

**M**indestens Chile, am liebsten Vietnam, Portugal war schon zu nahe. Das war wie eine Kaffeefahrt. Weekendmarschierer. Da fehlte der Duft der großen weiten Welt. Das war mehr etwas für Resolutionen und für Anfänger. Für Jusos im ersten Semester. Jetzt ist es für keinen mehr irgendwas.

So wach sind die erwachten jungen Demokraten denn doch nicht, daß sie gegen j e d e Diktatur sind. Linke Diktatur darf sein. Sogar linke Militärdiktatur. Auf den Straßen des Protests hat links Vorfahrt.

Wird irgendwo links diktiert, gesiegt und gestorben, dann macht die Internationale der Faust die Augen zu.

Wann gehen denn anderen die Augen auf? Gibt es etwa weniger Unrecht, weniger Elend, weniger Not? Und trotzdem sind die professionellen Eierwerfer plötzlich still und suchen friedlich Ostereier.

Wer sein Gewissen auf Befehl aus- und einrollen kann, wie Fahnen und Transparente, der ist nützlich für die Partei. Aber für die Gemeinschaft ist so ein kommandiertes Seelchen nicht viel wert. Und wer das Unrecht in der Ferne beklagt und des zu Hause nicht sieht, der ist auch nicht viel besser. Er rennt unter fremden Fahnen vor sich selbst davon. Flucht aus der Wirklichkeit. Emigration des Gewissens. Und die hatten wir schon zu oft.

**PS.:** Ein Reporter fragte einen vietnamesischen Soldaten nach dem Schicksal der Flüchtlinge. Die Antwort: „Wir sollten nur ein paar Lkw's an der Spitze des Trecks sichern. Der Rest wurde in die Hölle geschickt."

„Der Rest" – das waren die Menschen. Den Teufel werden sie in der Hölle wohl nicht treffen. Er hat es sich auf der Erde bequem gemacht. Besonders zwischen dem 8. und 17. Breitengrad.

BILD am SONNTAG, 30./31. 3. 1975

116

# BILD, 29. 7. 1983

Ich denke, das kommentiert sich selbst. Oder? Da ernten sie, was der tausendfach geschmähte, bis zur Unerträglichkeit denunzierte Bahr, was Brandt und Scheel gesät haben. Und immer noch macht die deutsche Wirtschaft reiche Beute in dem Schleppnetz, das *nach* den Ostverträgen ausgeworfen wurde. Da braucht man kein Berliner zu sein, um zu fragen oder zu sagen: Na, und!

Oh, ich weiß, daß die politische Szene von Schnödigkeit bestimmt ist, fast wie die literarische Szene, auf der auch manch einer erntet, was andere gesät haben. Ich weiß auch: das Leben ist hart, und was wir brauchen, ist Menschlichkeit, Herz, Wärme. Nur finde ich bei Boenisch und BILD, den beiden BILDERN, nichts davon. Da werden erwägenswerte Themen aufgegriffen, manchmal ein süffiger Einstieg gefunden: knallig, knackig, man wird ans Thema herangeführt, denkt sogar manchmal: na, jetzt geht er aber ran, und immer, immer werden alle Probleme der Welt, Mißmut, Sport, das Nachkriegselend in Vietnam, den Linken in die Schuhe geschoben, die natürlich auch »bewußt oder unbewußt« das Deutschlandbild im Ausland verfälscht haben. Ich nehme nicht an, daß viele Spanier oder Niederländer BILD lesen: dem Deutschlandbild nützen würde das nicht. Diese Schlüpfrigkeit ist Gott sei Dank nicht typisch für Deutschland. Was wird wohl Gustav Scholz, der so zärtlich von allen, auch von Boenisch, »Bubi« genannte, in seiner Zelle in Berlin denken von einer Zeitung, die er möglicherweise einmal favorisiert hat und die jetzt – mit der neuen Variante BILD der FRAU haben wir ja inzwischen drei BILDER – seine sämtlichen Beilager erkundet, an sämtlichen Bettlaken herumschnüffelt, in denen er je mit einer Frau gelegen haben mag? Es wäre nicht das erste Mal, daß einer BILD erst zu verfluchen beginnt, wenn er zum Opfer geworden ist. Müssen erst *alle* Deutschen Opfer von BILD werden? Jetzt also haben wir BILD in Bonn, an hoher, an höchster Regierungsstelle.

# BILD-Kommentar

# Im deutschen Interesse

Von PETER BOENISCH

Mancher wischt sich verwundert die Augen: Kohl spricht mit Andropow. Strauß spricht mit Honecker.

Als Berliner kann man nur fragen: Na und? Hat man tatsächlich die jahrelang „liebevoll" gezeichneten Karikaturen vom Kummunisten-Fresser Strauß oder vom Provinzler Kohl für die Wirklichkeit gehalten?

## „Man kann nur staunen"

Die neutrale Neue Zürcher Zeitung urteilt am 28. Juli: „Der neue Bundeskanzler hat bisher die Zügel mit einer Sicherheit und Souveränität geführt, die ihm während seiner Oppositionsrolle viele kaum zutrauten. Im Rückblick kann man tatsächlich nur staunen, wie sehr sich die Bonner Szenerie in dieser kurzen Zeitspanne bewegt hat."

Kohl und Strauß bewegen sich, handeln – jeder auf seine Art – im deutschen Interesse. Sie tun etwas für den Frieden und die Sicherheit unseres Landes.

BILD, 29. 7. 1983

# BILD am SONNTAG, 13. 12. 1970

Voraus sei gesagt: der Volksentscheid, der hier gefordert wird, hat ja zwei Jahre später, nicht als Volksentscheid, aber als Bundestagswahl, stattgefunden, und siehe da: Das Volk entschied sich mit einer Mehrheit, die auch Willy Brandt überraschte, *für* die Ostpolitik, und das *nach* unzähligen Denunziationen und Artikeln der hier präsentierten Sorte.

Der Kniefall! Der hat ihnen natürlich Kummer gemacht. Brandt kniet am Rande des Warschauer Gettos auch noch ganz offensichtlich *spontan*. Nicht Springer, der Freund der Juden, kniete da, sondern Brandt, dem man zwar beim bösesten Willen keinen Antisemitismus nachsagen kann, der aber doch »radikalbrutal« ist. Es hat wenig Sinn, den ganzen Brei, der mit der Ostpolitik und um sie herum angerührt worden ist, noch einmal aufzukochen. Wer's wissen möchte, kann sich darüber informieren, etwa über »Willy Brandt an die Wand« und ähnliches. Es gibt die Protokolle der Bundestagsdebatten, Zeitungsarchive, nachprüfbare Kommentare und so weiter. Fest steht: zwei Jahre nach diesem Artikel hier hat das Volk entschieden: für die Ostpolitik, und bis zum allerletzten Augenblick haben Brandt und die Regierung gezittert. Der Blick auf die hier präsentierte

Kolumne ist ein *Rückblick* auf die Stimmungs-mache, das demagogische Gepeitsche, das nicht vergessen werden sollte und durch das Boenisch sich möglicherweise doch für das hohe Regierungsamt, das er heute bekleidet, qualifiziert hat. Ein klassisches Beispiel der Demagogie. Brandt kniet. Davon waren »viele Menschen in Ost und West bewegt«. Auch er, der Kolumnist. »Doch jetzt am Ende der Woche sind die Zweifel größer als die Erschütterung. Und zweifeln wird man doch noch dürfen.« Darf man, darf man, nur immerzu! Da wird dann der Kniefall schon zur »möglicherweise sogar vorausgeplanten Geste«, die an »Überzeugungskraft« verliert, und warum? »Niemand – auch nicht Brandt – kann die Verbrechen der Nazis wegknien.« Wer könnte das schon und wer würde sich, wenn er sich hinkniet, schon glauben, er kniee die Verbrechen der Nazis weg? Welch ein Irrsinn, aber der Irrsinn hat Methode, wenn man schon nicht wahrhaben will, daß die Ostpolitik ja gerade der Versuch war, die Verbrechen der Nazis nicht »wegzuknien«, sondern eine mögliche Versöhnung einzuleiten. Nur: das bedeutete eben, wenn nicht mit kommunistischen Völkern, so doch mit kommunistischen Regierungen zu verhandeln. Und kniet er etwa, wenn er sich am Warschauer Getto hinkniet, *eigentlich* vor Kommunisten? »Was sollen die Israelis glauben? (...) Wäre ich Israeli, wären mir die Waffen, die Adenauer lieferte, lieber als die Reue, die Brandt demonstriert.« Nun ist er ja kein Israeli – ich möchte hinzufügen: zum Glück (der fehlte denen noch), und Adenauers beziehungsweise Straußens Waffenlieferungen an Israel waren ja *reuebedingt,* wie der Wiedergutmachungsvertrag, und es fällt mir schwer, mir einen in Warschau am Getto knienden Adenauer vorzustellen. Von Globke assistiert.

»Und was sollen die Polen glauben? Dieses katholische Volk weiß, daß man nur vor Gott kniet. Und da kommt ein vermutlich aus der Kirche ausgetretener Sozialist aus dem Westen und beugt sein Knie. Das rührt das Volk.« Nun wäre es ja als erfreulich zu vermerken, wenn endlich einmal *ein* deutscher Politiker das polnische Volk rührte. Das hätte ja schon einen historischen Seltenheitswert, vielleicht sogar *Einmaligkeitswert.* Ein deutscher Politiker rührt das polnische Volk, ein »vermutlich aus der Kirche ausgetretener Sozialist«. Ja, die Möglichkeit, am Warschauer Getto zu knien, hat kein christlich definierter Politiker je wahrgenommen, auch kein katholischer Bischof. Die verhinderten derweilen eine vatikanische Ostpolitik, die das polnische Volk endlich über die deutschen Oder-Neisse-Schreihälse zu beruhigen angetan gewesen wäre. Da mußte schon ein »vermutlich aus der Kirche ausgetretener Sozialist« kommen. Das polnische Volk war also gerührt über Brandts Kniefall. »Aber rührt es auch die Opfer des Stalinismus? Sie mußten knien, weil sie einen Gewehrkolben ins Kreuz bekamen.« Nein, viel schlimmer, die meisten bekamen einen Genickschuß, und die ersten Opfer des Stalinismus waren Kommunisten. Von den 129 Mitgliedern, die das ZK in Moskau 1934 hatte, überlebten 29 die ersten Säuberungen. Ich weiß nicht, ob die überlebenden Opfer des Stalinismus über Brandts Kniefall gerührt waren. Nur ... und mögen sie, was ihr Recht wäre, den Kniefall für überflüssig gehalten haben, nur wußten sie, daß Brandt da in Warschau nicht vor Stalin kniete und nicht vor dem Stalinismus. Da ist das polnische Volk gerührt – und das scheint ihn doch eigentlich zu ärgern, weil da nicht Springer kniet und auch nicht Barzel –, aber dann kommt er mit den Opfern des Stalinismus, an denen Brandt weiß Gott nicht schuld ist – oder doch? Ist er nicht ein Sozialist? Ganz klar: »Dieser Kanzler mogelt sich durch die Geschichte, und so etwas geht nie gut.« Es wäre Papierverschwendung, die ganze Problematik hier noch einmal auszurollen. Wie sagte da doch einer lateinisch: »Pacta sunt servanda«, und Regierungen, die eine Mehrheit haben, sind berechtigt, Unterschriften zu leisten. Auch für die Raketenstationierung. Und da haben ja immerhin bei diesen Unterschriften unter die Ostverträge »ein paar Osthändlern« die »Finger gejuckt«; ich weiß nicht, ob die deutsche Industrie in allen ihren würdigen und würdevollen Gremien sich gern als »ein paar Osthändler« bezeichnen läßt, ich weiß auch nicht, wieviel Arbeitsplätze an diesem Osthandel hängen. Keine Delegation wird in Moskau so freundlich, fast liebenswürdig empfangen wie eine der deutschen Industrie. »Wenn da die Regierung sich ihrer Mehrheit so sicher ist, braucht sie ja vor der Entscheidung des Volkes keine Angst zu haben.« Die Angst hatte sie nach jahrelanger Hetze, Demagogie und Verleumdung, nach diesem ganzen abscheulichen Dreck, und 1972 hat sie sich der Wahl gestellt, zitternd und zagend, glaube ich, und das Volk hat entschieden: Ja. Ich weiß nicht, ob je ein deutscher Regierungschef so erleichtert war wie Willy Brandt nach dieser Wahl, und wie sagt da doch der Lateiner: »Pacta sunt servanda.«

Inzwischen erweisen sich ja die Ostverträge keineswegs als »Erblast«, eher als süßes Erbe.

# Laßt das Volk entscheiden

**D**er Bundeskanzler kniete. In Warschau. Dort, wo früher das jüdische Getto war. Er kniete, um die Opfer der Deutschen zu ehren und die Verbrechen der Deutschen zu bereuen.

**Von diesem, wie es hieß, spontanen Kniefall des Willy Brandt waren viele Menschen in Ost und West bewegt. Auch ich.**

Das war am Anfang der Woche. Doch jetzt am Ende der Woche sind die Zweifel größer als die Erschütterung. Und zweifeln wird man doch noch dürfen.

Innerhalb einer Woche hat eine für die Geschichte gedachte und möglicherweise sogar vorausgeplante Geste viel von ihrer Überzeugungskraft verloren. Warum?

Niemand — auch nicht Brandt — kann die Verbrechen der Nazis wegknien. Und: Zu groß ist der Widerspruch zwischen der brutal-radikalen Politik Brandts, wenn keine Kameras dabei sind und der reuevoll-religiösen Demut, wenn alle Augen und alle Objektive auf ihn gerichtet sind.

Oder ist es etwa nicht radikalbrutal, eine neue Politik gegenüber den Nachbarn im Osten zu beginnen, ohne auch nur den Versuch der Verständigung mit den eigenen Landsleuten, die anderer Meinung sind, gemacht zu haben?

Selbst der Erfinder der Demokratur, Konrad Adenauer, pflegte stundenlang mit Interessengruppen zu diskutieren und um ihre Unterstützung zu ringen. Doch der „Mehr-Demokratie-Versprecher" Brandt tut nichts dergleichen. Er versucht sich mit den anderen zu versöhnen, indem er die eigenen Leute nicht einmal anhört. Oder hat irgend jemand von Dauerkonferenzen zwischen Brandt und den Vertriebenen gehört? Ich nicht.

**M**an verliert zwar die Landtagswahlen, glaubt trotzdem an den sozialistischen Trend, poussiert mit den Jusos und schließt Verträge, die möglicherweise verfassungswidrig sind.

Willy regiert und wir müssen folgen.

Und bei so viel machtpolitischer Arroganz soll ich an die Demut glauben?

Und was sollen die Israelis glauben? Den Kniefall Brandts im Getto oder sein krampfhaftes Bemühen um Neutralität im arabisch-jüdischen Konflikt?

Wäre ich Israeli, wären mir die Waffen, die Adenauer lieferte, lieber als die Reue, die Brandt demonstriert.

Und was sollen die Polen glauben?

**Dieses katholische Volk weiß, daß man nur vor Gott kniet. Und da kommt ein vermutlich aus der Kirche ausgetretener Sozialist aus dem**

**Willy Brandt kniet in Warschau: Das Foto der Woche? Das Foto des Jahrzehnts? Ein geschichtliches Dokument?**

BILD am SONNTAG, 13. 12. 1970

**Westen und beugt sein Knie. Das rührt das Volk. Aber rührt es auch die Opfer des Stalinismus? Sie mußten knien, weil sie einen Gewehrkolben ins Kreuz bekamen.**

Und was sollen die Juden im Osten glauben?

Da kommt ein Mann aus dem Westen und kniet vor ihren Toten. Aber sie, die Überlebenden, dürfen nicht einmal ausreisen. Sie müssen weiterleiden unter der antizionistischen Politik ihrer Regierungen.

**E**in Glück, daß sie wenigstens nicht lesen können, was gestern Hamburgs SPD-Zeitung in ihrem Leitartikel von der „geistigen Nachbarschaft zionistischer Kreise zum Faschismus" faselte.

Wie sollen die Vertriebenen glauben, daß wir die Oder-Neiße-Linie nicht anerkennen, obwohl unsere Regierung es jetzt tut?

Wie sollen die Zonenflüchtlinge glauben, daß Brandt die DDR nicht anerkennen wird. Die Wahrheit ist doch, daß er das eine anerkennt und das andere. Warum stellt er sich dann nicht vor das Volk und erklärt erhobenen Hauptes: Hier stehe ich und kann nicht anders.

Als geborener Lutheraner kann ihm doch das religiöse Gefühl nicht nur im Knie sitzen.

**D**ieser Kanzler mogelt sich durch die Geschichte, und so etwas geht nie gut. Er mag ehrlich sein in seinem Bemühen, aber ist er auch ehrlich in seinen Bekenntnissen?

Ein bißchen Anerkennung der Teilung Deutschlands, ein bißchen Anerkennung der Grenzen im Osten gibt es nicht.

Warum sagt er es nicht? Demut in Warschau und kein Mut in Bonn — das paßt nicht zusammen.

Bisher hat diese inkonsequente Politik nur ein Ergebnis: Nach innen sind wir so uneins wie nie, und nach außen resignieren wir. Und Bündnis mit dem Westen wird schwächer und unsere Abhängigkeit vom Osten größer.

Wenn Brandt nach Adenauer der zweite Testamentsvollstrecker Deutschlands ist, dann ist er der schlechtere, denn er holt für die Erben nichts heraus.

**I**ch weiß, daß angeblich vier Fünftel der Westdeutschen nicht meiner Meinung sind. Ich habe die Meinungsumfragen gelesen. Und ich weiß auch, daß in den letzten 20 Jahren von der CDU/CSU manches versäumt worden ist.

Aber das gibt Brandt noch nicht das Recht, Unterschriften zu leisten, zu denen er nicht gezwungen war und zu denen ihn niemand gezwungen hat, Unterschriften, bei denen ein paar Osthändler die Finger jucken, die Mehrheit mit den Achseln zuckt und den anderen die Tränen kommen.

Und wenn ich nur für mich und nicht einmal für ein Tausendstel dieses Volkes sprechen sollte und jede Abstimmung schon verloren wäre, bevor sie beginnt:

**E**s ist Sache des Volkes über Verträge abzustimmen, die praktisch vorweggenommene Friedensverträge sind.

Um des Friedens in Europa willen sollte niemand die besiegten Deutschen aus der Verantwortung entlassen, selber über ihre Zukunft und über ihre Grenzen zu bestimmen.

**Wenn da die Regierung sich ihrer Mehrheit so sicher ist, braucht sie ja vor der Entscheidung des Volkes keine Angst zu haben.**

BILD am SONNTAG, 13. 12. 1970

# BILD am SONNTAG, 18. 7. 1971 und 16. 6. 1974

Ungefähr 14 Tage vorher, am 1. Juli 1971, hat er ihn noch einen »Coca Cola Maciavelli« genannt, nun möcht' er ihn doch gerne hier haben: Henry Kissinger anstelle von Bahr. Es ist hier nicht meine Sache, Kissingers amerikanische Außenpolitik zu beurteilen. Immerhin ist unter seiner Verantwortung Allende gestürzt worden, der damalige CIA-Chef Helms sogar seiner Manipulation wegen verurteilt (inzwischen von Reagan dekoriert) worden. Immerhin hat der Versuch, Makarios ermorden zu lassen, zum Sturz der Obristen geführt, ein ungewollter Effekt. Mögen also die Chilenen und Griechen, die Betroffenen, über Kissingers Außenpolitik urteilen. Ich erinnere mich noch, daß vor *jeder* neuen Verhandlungsrunde mit Moskau und Warschau Scheel nach Amerika flog. Vor *jeder,* und ich habe nicht den Eindruck gewonnen, daß Kissinger die Ostpolitik von Brandt, Scheel und Bahr nicht genehm war. Ich vermute, daß ihn die deutsche Frage nicht sonderlich interessiert: warum sollte sie auch. Und er weiß natürlich, was die meisten Deutschen immer noch nicht wissen wollen: Da ist ein Krieg – und was für einer! – angefangen und verloren worden, und auch ein »Coca Cola Maciavelli« weiß, daß man dafür bezahlen muß. Mög-

127

lichst nicht zuviel. Richtig. Nun aber zu Boenischs heißem Wunsch, Kissinger an Bahrs Stelle
zu haben. Dieser Wunsch ist schon nicht mehr
pikant, er ist makaber, nicht der politischen
Wünsche wegen, aber der Gründe wegen, die die
Familie Kissinger zur Auswanderung zwangen.
Der zehnjährige Alfred Heinz Kissinger, der da
mit seiner Familie nach New York vertrieben
wurde: was mag der wohl über die Deutschen
gedacht haben? Was mag er erst gedacht haben,
als er erfuhr, daß die Deutschen den Judenmord
*industriell* betrieben? Ich weiß es nicht, es geht
mich nichts an, ich frage mich nur, was dieser
Junge, der dann zweiundzwanzigjährig als amerikanischer Soldat nach Deutschland zurückkam,
sich so gedacht hat. Eins darf ich feststellen: hiergeblieben ist er nicht, und hätte doch bei seiner
Begabung möglicherweise auch hier eine politische Karriere machen können. Hiergeblieben
ist er nicht. Er war und ist Amerikaner und macht
amerikanische Politik. *Wäre* er ein Deutscher
geworden, *wäre* er bestimmt nicht in die SPD ein-
getreten. Das Sozialistische liegt ihm, glaube ich,
nicht. Das *wäre* auch sein Recht, wenn er ein
deutscher Politiker geworden wäre. Dann auch
*wäre* er ums Jahr 1970 wahrscheinlich FDP-Politi-
ker gewesen, also eher ein Scheel- als ein Bahr-
Ersatz. Ich wage die Prognose, daß er auch als
deutscher Politiker für die Ostpolitik gewesen
*wäre*. Ob es ihm gelungen wäre, die Sowjets als
deutscher Politiker so geheim zu treffen, wie es
ihm als amerikanischer Politiker gelang, die Chinesen zu treffen, bezweifle ich entschieden. Da

wären die gesamte Springer-Presse, Löwenthal, Bayernkurier und alle einschlägigen Medien davor gewesen. Die amerikanische Presse hat nämlich eine merkwürdige Eigenschaft: sie kann zuschlagen, enthüllen, hart rangehen, bis sie einen Präsidenten zum Rücktritt *gezwungen* hat. Sie kann aber auch – aus demselben Patriotismus, der ihr Gnadenlosigkeit gegen einen Präsidenten wie Nixon gebietet –, aus demselben Patriotismus kann sie schweigen! Und diese Annäherung an China war ja eine heikle, riskante Sache, deren Ergebnis man schweigend abwarten mußte. Man stelle sich vor, Bahr wäre klammheimlich an irgendeinen Ort gefahren, um sowjetische Politiker zu treffen! Um Gottes willen: es wäre ihm noch dreckiger ergangen, als es ihm ohnehin ergangen ist. Ein Sozialdemokrat trifft sich an geheimem Ort mit Russen! Ich kann mir nicht vorstellen, daß *kein einziger* amerikanischer Journalist etwa von Kissingers Geheimtreffen gewußt hat. Ausposaunt hat es keiner. Man lese Boenischs Kolumne über die *Geheim*gespräche Bahrs mit Breschnew nach. Wie anders sollten Politiker miteinander sprechen als geheim – oder hätten sie auf dem Roten Platz ein öffentliches Podiumsgespräch führen sollen?

Das alberne Spiel mit den Vornamen: der eine heißt Henry, der andere Egon! Bahrs zweiten Vornamen auszukramen, nur um den Gag mit dem »falschen Heinz« zu konstruieren! Ich fürchte, der »richtige Heinz« – Henry Kissinger – hätte, *wäre* er ein deutscher Politiker geworden, ebensoviel Prügel bekommen wie Egon Bahr.

Was der hochgepriesene Henry da in Vietnam ausgerichtet hat, war ja – nach Boenischs Meinung – auch nicht so toll (siehe Kolumne vom 31. Dezember 1975). Da wird sogar – es ist kaum der Mühe wert, muß aber wohl sein – Bahr der Mercedes, mit dem er nach Ostberlin fuhr, vorgeworfen, nur damit gesagt werden kann: »Er würde auch im Büßergewand zu Fuß gehen. Und notfalls knien.« Aha, da haben wir's wieder: dieser Brandtsche Kniefall. Es ist halt nach *diesem* verlorenen Krieg nicht angebracht, wenn Deutsche mit erhobenem Herrenhaupt nach Warschau oder Moskau pilgern. Das können dann, wenn die verfluchten Sozialdemokraten ihre Buße gezeigt und ihre Kniefälle gemacht haben, die Herren von der deutschen Industrie tun. Mit erhobenem Herrenhaupt auf den Spuren derer Osthandel betreiben, die da »büßend und kniefällig« die Türen geöffnet haben. Der penetrante Quatsch mit makabrem Einschlag geht noch weiter: »Schönen Dank, Alfred-Heinz, auch wenn Du inzwischen Henry heißt. Es macht Freude, daß es noch Deutsche gibt, über die man sich freuen kann, auch wenn sie inzwischen Amerikaner sind.« Nun ist Kissinger nicht »inzwischen«, er ist schon lange Amerikaner, und er ist Amerikaner geblieben, und daß er kein Deutscher, nicht in Deutschland aufgewachsen und Politiker geworden ist, das hat, verflucht, seine Gründe: ein Springer-Journalist sollte doch wissen, was einem Deutschen jüdischer Herkunft bevorstand. Aber nein, er muß es bis zum Exzeß treiben: »Ich wünsche Nixon nichts Böses – er ist ein tüchtiger Präsident –, aber hätte er nicht Bahr nehmen und uns den Kissinger lassen können?« Wer, wer wohl hat uns denn den Kissinger »genommen«? Wer wohl?

Drei Jahre später muß er wieder mit dieser penetranten Masche kommen, indem er den »Ami« einlädt, heimzukommen, weil's ihm in Amerika im Moment dreckig geht. Die ›New York Times‹ hat ihn des Meineids bezichtigt. Die ›New York Times‹, ein Weltblatt, das sich einmal um mehr als »nur« um Gerechtigkeit zwischen Harlem und Washington gekümmert hat. »Das große Weltblatt« BILD am SONNTAG mag zwar die »werten Kollegen in New York (nicht) betrüben«, aber »Journalisten, die nur austeilen, aber nicht einstecken können, sind ihre Druckerschwärze nicht wert«. (Nebenbemerkung: wem sagt er das?) Und er bangt so sehr um Amerika und seinen verehrten »Coca Cola Maciavelli«, daß er die Amerikaner anfleht: »Macht Schluß mit Watergate.« Denn: »Eine so maßlos hin- und herschwankende Gesellschaft leidet weniger unter seinen schwindelnden Politikern als unter seinem schwindlig werdenden Volk.« Um Gottes willen: nicht nur Henry Kissinger ist bedroht, das ganze amerikanische Volk ist bedroht. »Wer Weltmacht ist, trägt (...) auch eine weltweite Verantwortung und nicht nur den Dreck unter den eigenen Fingernägeln.« Und weil dieser Fingernageldreck nun auch bei Henry Kissinger vermutet wird, ruft die BILD am SONNTAG ihm zu: »Ami, komm heim!« Es ist wirklich schade, daß die amerikanische Presse nicht auf Boenisch gehört hat und

Kissinger, der Heimatvertriebene, nicht heimgekommen ist. Schade, die wollten wirklich den Dreck unter den Fingernägeln weghaben, diese Pedanten, die sich einmal um mehr als »nur« Gerechtigkeit zwischen Harlem und Washington bemüht hatten. Nun, es ist ja auch mit Kissinger noch einmal gutgegangen: den Meineid leistete Helms, gab ihn später sogar zu, wurde – auf Grund eines Deals, eines »Bargain« zwischen ihm und dem Gericht – milde bestraft, später von Reagan sogar dekoriert.

Die Frage, was wir mit dem heimkehrenden »Ami« hier angefangen, was wir ihm geboten hätten, welches Heim für den Heimatvertriebenen da bereitgestanden hätte, wird nicht beantwortet. Hätte das Haus Springer wohl Balsam für seine wunde Seele in edlen Gefäßen anrühren lassen? Immerhin hätte er wahrscheinlich Präsident des Deutschen Fußballbundes werden können. Aber nein: »Doch die Mühe lohnt. Deutsche Außenminister werden Kanzler oder Präsidenten. Ohne Watergate.« Wie schade, daß es BILD am SONNTAG nicht gelungen ist, aus dem Kniefall ein deutsches Watergate zu machen.

**99** Die kaputten Amis machen Politik,
und wir gesunden Narren machen
eine Dämlichkeit nach der anderen **99**

Peter Boenisch

# Meinung

# Schade, schade! Wir haben den falschen Heinz

**D**er eine heißt Alfred-Heinz. Und der andere Egon Karlheinz. Geboren sind beide in Deutschland. Kinder eines Volkes. Söhne seiner Generation.

Beide hatten den gleichen Auftrag, die gleiche Vision: Sie suchten die Verständigung mit ihren Feinden.

Was sie fanden, wird uns die Zukunft lehren. Aber wie sie es machten, daraus sollten wir lernen. Und zwar schnell.

Denn der Unterschied der Methoden des Alfred-Heinz und des Egon Karlheinz ist so groß wie die Vegetation zwischen Erde und Mond.

Alfred-Heinz — jetzt heißt er vorne Henry, aber hinten nach wie vor Kissinger — ging so behutsam vor, als handle er mit den feinsten zerbrechlichsten chinesischen Porzellan und nicht mit amerikanischer Politik.

Er spielte krank. Verschwand. Reiste geheim zu seinen Feinden. Und sie wußten, daß zügig verhandelt werden mußte, bevor die Reporter entdecken konnten, daß das Krankenbett leer war und der gebürtige Bayer putzmunter mit den Rotchinesen Tee trank und mit ihnen die Stäbchen kreuzte.

**A**nders Egon Karlheinz, unser Freund Bahr. Obwohl keineswegs Beauftragter einer Supermacht, sondern nur — ich zitiere seinen Chef Brandt — Vertreter einer Mittelmacht, reiste er mit Hauruck und Hurra zu seinen Feinden.

Mit einem „Hoppla-jetzt-sind-wir-dran" zog er sich die Hosen hoch, schob die schmalen Schultern nach vorn, flog zu seinen Feinden, tutete ins Mikrophon ein paarmal „Freundschaft, Freundschaft" und war damit der Gefangene seiner Politik.

**Die Russen konnten ihn warten lassen, ihn garkochen. Und er, um überhaupt etwas mit nach Hause zu bringen, mußte sich nun mit der Interpunktion des Textes seiner Kontrahenten herumquälen. Sie diktierten und er schob die Kommas hin und her.**

**M**ancher meint, das liege auch daran, daß wir eben nicht so stark wie die Amerikaner sind. Nun: Wer hat uns geheißen, ohne die Amerikaner nach Moskau zu laufen?

Im übrigen ist es nicht nur eine

BILD am SONNTAG, 18. 7. 1971

Frage der Stärke, nicht nur eine Muskel-, sondern auch eine Intelligenz-Frage:

**Alfred-Heinz wäre wie ein Chinese lächelnd nach Hause gekommen, wenn sein Versuch, die Feinde zu umarmen, nicht gleich beim ersten Versuch geklappt hätte.**

**Er hätte nicht einmal sein Gesicht verloren. Weder zu Hause noch bei seinen Feinden. Und bestimmt hätte er nicht Interessen seines Landes geopfert.**

Alfred-Heinz kam nicht mit praktisch fertigen Vertragstexten nach Hause. Er brachte keine umstrittenen Papiere mit. Diesen Ehrgeiz hatte er nicht. Er brachte Wertvolleres mit: Zeit.

Zeit bis zum Mai 1972. Fast ein Jahr, um in Experten-Gesprächen dafür zu sorgen, daß die Begegnung Mao--Nixon sich wirklich lohnt. Für beide Weltmächte und für die Welt.

Es gibt das „Peter-Prinzip". Nun gibt es auch das Heinz-Prinzip:

**Das, was Alfred-Heinz machte, ist Politik, das was Egon Karlheinz machte, ist Stümperei.**
An der fehlenden jüdischen Intelligenz kann es diesmal nicht liegen. Die fehlt beiden nicht. Vielleicht ist dem lieben Egon der Karl in der Heinz-Familie nicht bekommen. Doch Spaß beiseite, das Grundübel liegt woanders.
**Kissinger bekam den Posten, weil er für Nixon der beste Mann ist. Bahr bekam ihn, weil er Brandts bester Freund ist.**

Als Alfred-Heinz genötigt wurde, er solle mit den Vietkongs oder den Vietminhs reden, lächelte er nur. Er ging dem Gespräch mit der „asiatischen DDR" aus dem Wege.

Anders Egon Karlheinz.

Daß er noch auf seinen Mercedes für die Fahrt in die „DDR" besteht, ist mehr seiner Bequemlichkeit als seiner Standfestigkeit zuzuschreiben. Er würde auch im Büßergewand zu Fuß gehen. Und notfalls knien.

Deutsche, die Politik machen oder Geschichte machen wollen, sind ebenso. Habe ich gedacht. Bis Freitag. Seitdem weiß ich, daß Deutsche auch anders können.
**Schönen Dank, Alfred-Heinz, auch wenn Du inzwischen Henry heißt. Es macht Freude, daß es noch Deutsche**

**gibt, über die man sich freuen kann, auch wenn sie inzwischen Amerikaner sind.**

Die „kaputten Amerikaner", demoralisiert über ihre Niederlagen in Vietnam, depremiert über den Rassenkonflikt und desillusioniert über ihre Freunde und über ihre eigenen Kinder, diese „kaputten Amerikaner" zeigen uns, wie man Politik macht. Und wir gesunden Narren machen eine Dämlichkeit nach der anderen. Nicht nur im Umgang mit den Großmächten, auch im Umgang mit kleineren, aber nichtsdestoweniger wichtigen Staaten.
**In Israel ist unser Außenminister so auf den Bauch gefallen, daß er jetzt jeden Abend vor dem Schlafengehen nachsehen müßte, ob er überhaupt noch einen Bauchnabel hat.**

Leider sind aus Deutschlands Journalisten, die das Volk schonungslos auf die Blessuren unserer Politiker hinzuweisen hätten, inzwischen überwiegend regierungsfreundliche Sanitäter geworden, die ihre Lieblinge in Mull und Watte packen.

Tagelang wurde dem Volk vorgelogen, Herr Scheel, dieser fröhliche Rheinländer mit der Heidschnuckenfrisur, sei in Israel erfolgreich gewesen.

Doch wie kann Scheel in einem Land erfolgreich sein, das um seine Existenz ringt und Hilfe erwartet und nicht Bonns Zahnpastalächeln „zeig die Zähnchen, Scheelchen" zeigt.

Na, lassen wir das, es lohnt nicht. Man kann ja doch nichts ändern. Ich werde mal mit Neckermann sprechen. Vielleicht hat er für mich eine billige Reise zu ehemaligen Landsleuten:

**Nach Kap Kennedy zu Wernher von Braun und Debus. Dann an das Grab von Einstein. Zum Schluß ein Händedruck mit Kissinger.**

Wenn ich dann wieder zu Hause bin, verzweifelt über den Bonner Provinzialismus, dann schaue ich mir die Fotos meiner Neckermann-Reise an und freue mich, ein Deutscher zu sein.

Neckermann macht sogar das möglich.

BILD am SONNTAG, 18. 7. 1971

**PS:** Da wir gerade bei Reisen sind: Die Entfernung zwischen Treffurt in Thüringen, wo Egon Karlheinz geboren wurde und Fürth in Bayern, wo Alfred-Heinz zur Welt kam, beträgt lächerliche 220 Kilometer. Jetzt sind die beiden 5800 km auseinander. Ich wünsche Nixon nichts Böses — er ist ein tüchtiger Präsident —, aber hätte er nicht Bahr nehmen und uns den Kissinger lassen können?

Nixon-Berater Alfred-Heinz Kissinger (l.) und Brandt-Berater Egon Karlheinz Bahr (r.), zwei Söhne eines Volkes, zwei Methoden, zwei Welten

BILD am SONNTAG, 18. 7. 1971

Peter Boenisch

# Ami, komm heim!

**N**imm's nicht so tragisch, Henry", meint die „New York Times". Und viele tuten ins gleiche Horn. Kissingers Rücktrittsdrohung sei unverständlich. Der amerikanische Außenminister sei so gereizt, weil er überarbeitet sei.

Überarbeitet ist er sicherlich auch. Doch womit soll denn ein demokratischer Politiker drohen, wenn nicht mit seinem Rücktritt?

Immerhin wirft die „New York Times" dem Minister Meineid vor. Und das soll er schlucken wie Valium? Wenn die Presse auf jeden Minister und jeden Präsidenten wütend sein darf – und es ist gut, daß sie das darf –, dann darf auch ein Minister wütend sein auf die Presse.

Journalisten, die nur austeilen, aber nicht einstecken können, sind ihre Druckerschwärze nicht wert. Wir Journalisten sind eine demokratische Notwendigkeit, aber keine heiligen Kühe.

BILD am SONNTAG, 16. 6. 1974

Es mag die werten Kollegen in New York betrüben, aber weder sie noch di Padres vom „Osservatore Romano" haben aufgrund ihrer journalistischen Tätigkeit mit ihrer Heiligsprechung zu rechnen. Auch dann nicht, wenn man die Welt von einem korrupten Beamten, einem sündigen Papst oder einem schwindelnden Präsidenten befreit.

**Ist Amerika noch das Land der unbegrenzten Möglichkeiten? Der Fall Kissinger wird zum Symptom: Hier verliert die öffentliche Meinung eines Landes Maß und Ziel.**

Watergate, die nötige Selbstreinigung des amerikanischen Systems, in allen Ehren. Aber eine große Nation kann doch nicht nur ausschließlich die Wasserspülung ziehen. Monatelang. Eine Weltmacht, die nur noch Körperpflege im eigenen Badezimmer betreibt.

Merkt ihr großen Kollegen aus dem großen Land nicht, wie provinziell ihr seid, wenn ihr euren Außenminister sogar auf dem Weg nach Ägypten nach Watergate und überwachten Telefonen fragt? Gegen diese Engstirnigkeit sind texanische Isolationisten internationale Weltbürger.

Auch stört, wenn eure Telefone abgehört werden. Aber wenn im verbündeten Deutschland von Amerikanern Telefone abgehört werden, dann dient das der Sicherheit. Freunde, denen ihr manchmal weniger traut als den Feinden. Was sind wir? Verbündete oder weiße Neger? Es gab einmal eine Zeit, da kümmerte sich ein Weltblatt wie die „New York Times" um mehr als nur um die Gerechtigkeit zwischen Harlem und Washington. Jetzt aber weht der Duft der großen weiten Welt bald nur noch durch die Inserate.

**Ihr wollt eine bessere Demokratie. Fein. Aber warum nur zu Hause? Es wirkt eher neurotisch als demokratisch, wenn ihr an einem Tag Kissinger zum Superman macht (der er nicht ist), um ihn am nächsten Tag zum Kriminellen zu machen (der er erst recht nicht ist).**

Eine so maßlos hin- und herschwankende Gesellschaft leidet weniger unter seinen schwindelnden Politikern als unter seinem schwindlig werdenden Volk. Alles dreht sich und verengt sich zu einem Punkt:

## Watergate, das WC der Nation.

Ob ihr nun euren Präsidenten stürzt oder nicht – macht Schluß mit Watergate! Freund und Feind erwarten mehr von Amerika. Noch immer.

● Wer anders als ein amerikanischer Außenminister hätte die Beziehungen des Westens zur arabischen Welt verbessern können, ohne Israel zu verraten?

● Wer anders als Amerika hätte in Nahost einen Frieden zustande gebracht – und sei er noch so wacklig?

● Wer anders als Amerika kann den Frieden in Europa sichern?

**Wer Weltmacht ist, trägt – ob einem das gefällt oder nicht – auch eine weltweite Verantwortung und nicht nur den Dreck unter den eigenen Fingernägeln.**

**S**chade, daß Kissinger so ein 150prozentiger Amerikaner geworden ist. Sonst könnten wir das kommunistische „Ami, go home" deutsch beantworten:

**„Ami, komm heim."**

Wir könnten den Auswanderer aus Fürth gut brauchen. Wir hätten ihm zwar weniger Macht zu bieten, aber dafür ist es bei uns leichter. Bei uns wird man schon Außenminister, wenn man außer deutsch nur eine Zweitsprache beherrscht. Nämlich sächsisch.

Vielleicht lehrt ein amerikanisch-fränkischer Bayer das Jodeln leichter als das Sächseln. Doch die Mühe lohnt. Deutsche Außenminister werden Kanzler oder Präsidenten. Ohne Watergate. Man braucht nur zu warten. Ein Guillaume wird schon kommen . . .

**PS.** Spätestens in einem Jahr, am 17. Juni 1975, müssen wir uns Kissinger sowieso ausborgen, denn dann wird die SPD in Bonn, die CDU/CSU in Berlin und die SED in Moskau tagen. Und die „DDR" wird beim Fußball ihre übergroßen drei Buchstaben nicht nur auf der Brust, sondern auch hinten auf ihren zwei Buchstaben tragen. Deutsche Einheit ist eben so.

**N**euer WM-Witz: Die „DDR"-Elf hat ihr eigenes Bier mitgebracht. Sie wollen immer i h r e eigene Fahne haben.

# BILD am SONNTAG, 3. 6. 1973

Ein Jahr vorher hatte er das ganz anders gesehen:
Da riet er dem Weltblatt ›New York Times‹, wozu
das »Weltblatt« BILD am SONNTAG im Falle
der Bundesrepublik nicht bereit war, möglicherweise aus Patriotismus zu schweigen: »Macht
Schluß mit Watergate«, riet er, weil Kissinger
bedroht zu sein schien. Bei »Wehnergate« ist das
anders: »Für Deutschlands Presse, Funk und
Fernsehen beginnt eine große Bewährungsprobe.
Haben sie – unabhängig von ihrem politischen
Standort – den gleichen Biß, die gleiche Hartnäk-
kigkeit wie ihre Kollegen in den USA? Sind sie
genauso frei oder liegen sie schon wieder an der
Kette von Weltanschauungen. Sind sie die Wachhunde des Volkes oder die Schoßhunde der Politiker?«

Und da durfte zwar Kissinger die Chinesen
geheim treffen, aber Wehner traf sich da »geheim« mit Honecker, so wie Bahr »geheim« mit
Breschnew konferierte. »Brüder zur Sonne zum
Stacheldraht« und »Dieses Kaffeekränzchen bei
den Mauermördern, das schmeckt auch vielen
SPD-Anhängern nicht.« Schlimmer noch: Wehner, dieser »stolze Mann«, der bisher noch vor
niemandem den Kopf beugte, machte vor dem
Abendessen »bei jedem Händedruck mit einem

SED-Genossen einen Diener«. So »geheim« scheint das Treffen ja nun doch nicht gewesen zu sein, und natürlich hätte Wehner – getreu dem Motto »Brüder zur Sonne zum Stacheldraht« – denen nicht nur die Hände drücken, sondern küssen müssen.

Ein Glück, daß BILD am SONNTAG seinen »Biß« nie verloren hat. Ein Glück auch, daß Regierungssprecher nicht mehr beißen dürfen, sonst müßte er ja in die Flick-Affäre kräftig hineinbeißen. Während ich dies schreibe, erfahre ich, daß Strauß nach Albanien (!) gefahren ist und daß man damit rechnet, er werde Enver Hodscha treffen. Ich nehme an, Strauß wird ihm in die Hand beißen. »Brüder zur Sonne zum Stacheldraht.« Oder wird er gar vor Hodscha knien?

**Peter Boenisch**

**Adenauer hielt Wehner für den „klügsten Kopf der SPD". Aber der Alte warnte auch:**

# „Kann man da trauen?"

Nun hat auch Bonn sein Watergate und sein „Wehnergate". Bestechung im Parlament, mißbrauchtes Vertrauen der Wähler, Geheimniskrämerei der Regierung, mißbrauchtes Vertrauen des Volkes. Brüskierung der Öffentlichkeit, mißbrauchtes Vertrauen der Presse. Selbst für skandalgewohnte Zeitgenossen etwas viel in einer Woche.

Für Deutschlands Presse, Funk und Fernsehen beginnt eine große Bewährungsprobe. Haben sie — unabhängig von ihrem politischen Standort — den gleichen Biß, die gleiche Hartnäckigkeit wie ihre Kollegen in den USA? Sind sie genauso frei oder liegen sie schon wieder an der Kette von Weltanschauungen?

**Sind sie die Wachhunde des Volkes oder die Schoßhunde der Politiker?**

Wir sind zwar eine der größten Handelsnationen der Welt, aber der Handel mit Abgeordneten, der Kauf von Stimmen, muß aufhören. Und zwar in jeder Himmelsrichtung. Der Orient beginnt nicht am

Rhein, und der Bundestag ist kein Basar.

Wie will dieser Staat, ganz gleich wer regiert, ganz gleich wie der Kanzler heißt, das Vertrauen einer ohnehin skeptischen Jugend gewinnen? Mit Schmiergeldern?

Wie will dieser Staat seine Verfassung schützen? Mit Abgeordneten, die — angeblich mit Zustimmung des Verfassungsschutzes — als Doppelagenten arbeiten? Narren, die so etwas machen oder billigen, verdienen noch nicht einmal ihre Pension.

**Spione gehören nicht ins Parlament, ganz gleich, ob sie auf einer oder auf beiden Schultern tragen.**

Wie sinnlos wird jeder Versuch, einen ausgehandelten Vertrag oder ein ausgearbeitetes Gesetz zu verbessern, wenn man Abgeordnete kaufen kann, wie ein paar Socken. Der Unterschied liegt nur im Preis — der allerdings ist beträchtlich.

Der Hinweis auf die vielen anständigen Politiker ist ein schwacher Trost, wenn ein paar schwarze Schafe Schicksal spielen können. **Für kein Parlament der Welt ist es ausreichend, sich „Hohes Haus" zu nennen und manchmal auch auf hohem Roß zu sitzen. Man muß den eigenen Stall in Ordnung halten.**

**Aus dem „...reitet für Deutschland" darf kein „gekauft für Rußland" werden. Und kein gekauft für irgendwen.**

Vertrauen verspielt sich noch leichter als Geld. Um so unbegreiflicher, daß ein so erfahrener Altgenosse wie Herbert Wehner den „DDR"-Genossen Honecker so geheim besuchte, daß zwar niemand von Wehners Wählern davon wußte, wohl aber jeder von denen, die Honecker wählen müssen. Der Abgeordnete Wehner gab sich die Ehre, die Wähler seines Wahlkreises Hamburg-Harburg über den roten Kanal informieren zu lassen.

### Brüder zur Sonne zum Stacheldraht.

Niemand bei uns hat etwas dagegen, wenn Deutsche mit Deutschen sprechen. Die Mauer steht nicht auf dieser Seite, die trotz, ja gerade wegen der Entspannung erfundene Politik der Abgrenzung **wird nicht von uns** betrieben. Wir wollen das Gespräch mit denen drüben, und Wehner kennt sich mit Kommunisten aus. Also soll er mit ihnen reden, aber nicht geheim.

**Es geht um Deutschland und nicht um ein Genossenland.**

**W**ehners Geheimbündelei macht Adenauers Mißtrauen wieder lebendig. Der Alte hielt Wehner für den „klügsten Kopf der SPD", fügte allerdings schnell hinzu: „Kann man da trauen?"

Wie immer man zu Onkel Herbert steht — einer, der schon so vieles gemacht und durchgemacht, so vieles gesagt und so oft gebrüllt hat wie er, sollte sich nicht an Honeckers Untertasse filmen lassen.

**Dieses Kaffeekränzchen bei den Mauermördern, das schmeckt auch vielen SPD-Anhängern nicht.**

**Ohne Würde Verteidigung der Menschenwürde?**

Wehner ist nicht irgendein Diplomat, kein Teil-deutscher Emmisär, sondern Chef der Regierungsfraktion und ehemaliger gesamtdeutscher Minister. Dieser stolze Mann, der bisher weder vor Freund noch vor Gegnern den Kopf beugte, machte vor dem Aberndessen in Ostberlins Schloß Niederschönhausen bei jedem Händedruck mit einem SED-Genossen einen Diener.

Ein Diener in geheimer Mission. Dieser stumme Diener tat weh.

*PS: Einem Fernsehsprecher unterlief in den Spätnachrichten der Versprecher der Woche. Er berichtete, man habe sich mit den Genossen von drüben zu Gesprächen über „deren Grundvertrag" getroffen.*

Vielleicht erinnern sich einige Zeitgenossen daran, daß der Judas Ischariot aus der Bibel ein Jude war. Sein Name wurde zum Synonym für »Verräter« *und* zur Bezeichnung für *die* Juden als geborene Verräter. Kaum ein anderer hat dem Antisemitismus soviel Motive geliefert wie Judas, der Verräter, der ein Jude war und zum Synonym für Jude und Verräter wurde. Ich kann hier nicht die gesamte Geschichte des Antisemitismus darstellen, es gibt Informationen darüber genug. »Die Juden haben ›unseren Herrn‹ verraten und gekreuzigt«, das schwelt und brodelt noch heute in so mancher christlichen Brust. Daß es auch vor Judas Verräter und »Verräter« gegeben hat und auch nach ihm – ich weiß nicht wie viele –, die keine Juden waren, wird selten erwähnt. Außerdem sind Judas' Rolle und das Verständnis seiner Rolle umstritten. Ob er's um des Geldes willen tat – oder ob er ein enttäuschter jüdischer Patriot war, weil Jesus nicht die politische Rolle übernehmen wollte, die Judas von ihm erwartete; Literaten und Theologen grübeln darüber, streiten darum, ob Judas wirklich ein »Judas« war. Immerhin hat er das Geld dem hohen Rat wieder vor die Füße geworfen und beging Selbstmord – das läßt auf Reue schließen, auch auf eine tiefe Verbitte-

143

rung und Verzweiflung. Und doch: Judas und das Geld, das er nahm, die Juden und das Geld, für das sie alles zu tun bereit sind: welcher Antisemitismusforscher wüßte nicht stundenlang darüber zu referieren?

Hier aber zwei Zentimeter hoch die Überschrift: »Ist Bahr ein Judas?« Wer das als eifriger BILD-Leser hingeknallt bekommt, braucht gar nicht weiterzulesen, er wird sich die Frage selbst sofort beantworten: Natürlich. Jeder aufmerksame BILD-Leser ist doch jahrelang mit Bahr-Denunziationen gefüttert worden, wer wird da noch die Frage mit Nein beantworten. Zumal: »Ein Mensch, geboren als Egon Bahr am 18. März 1922 in Treffurth, hat es an dieser Stelle, in den Spalten dieser Zeitung, nie leicht gehabt. Er wurde mehr bekämpft, mehr kritisiert und mehr herumgestoßen als irgendein anderer.« Wie wahr! Ach, was ist dieser Boenisch doch für ein ehrlicher Kerl! Eine wahrhaft gute Haut. »Aber all das geschah ohne Hinterlist im offenen Schlagabtausch.« Da ist diese »ehrliche Haut« schon nicht mehr ganz so ehrlich. Ob einer das merkt? Ob einer sich überlegt, was offener Schlagabtausch wäre? Ein Boxkampf, öffentlich, *mit* Ringrichter. Das wäre offener Schlagabtausch. Das Boxen als Mittel für Politik ist ohnehin eine von Boenischs Lieblingsvorstellungen. Schon 1970 schrieb er: »Hier wurde der Amateurboxweltmeister von Berlin-Tempelhof, der noch nie länger als drei Runden geboxt hat, gegen Weltmeister Cassius Clay in den Ring geschickt. Und wie Weltmeister das gern mit netten, ungefährlichen Gegnern tun, ließen die Russen unseren Egon ein paar Runden stehen, um ihn dann umso gnadenloser aufs Kreuz zu legen« (nun legen ja bekanntlich – wenn man schon »sportlich« argumentiert – nur *Ringer* ihren Gegner aufs Kreuz, Boxer schlagen ihn K.o.). Macht nichts. Nur immer drauf auf Egon Bahr, mit falschen Bildern und falschen Argumenten. Und Politik – das ist wie Boxen. So einfach. Und das nennt man dann »offenen Schlagabtausch«. Außerdem: »So unbeliebt wie Bahr ist (Frage: *Wer* hat ihn durch permanente Denunziation so unbeliebt gemacht?!), braucht man nur noch mit dem Finger auf ihn zu zeigen, um ihn umzustoßen. Doch diese Methode wäre noch schmieriger als er manchmal wirkt.« Das muß einer genauer lesen als das übliche Boenisch-Geschmier, das sich gewöhnlich in seiner Plumpheit direkt offenbart. Hier ist er mal ganz, ganz fein in die Abgründe der Demagogie gestiegen: er zeigt mit dem Finger auf Bahr, sagt gleichzeitig, man bräuchte ja nur mit dem Finger auf ihn zu zeigen, um ihn umzustoßen. Und dann kommt's wirklich: Doch diese Methode – die er gleichzeitig anwendet und ablehnt – *»wäre noch schmieriger als er* (Bahr) *manchmal wirkt«*. Ich weiß nicht, ob es noch einige Zeitgenossen gibt, die ermessen können, wie perfide eine solche Formulierung ist. Bahr *wirkt* manchmal schmierig – ob er nicht eigentlich schmierig ist? Ein Judas und, wie es der Zufall nun einmal will, zu einem Teil – ich weiß nicht, zu welchem Teil – jüdischer Herkunft. Eine solche Formulierung *ist* schmieriger, als irgendein Mensch je *wirken* könnte. Vom schmierig wirkenden Judas zum »schmierigen Juden« ist der Weg nicht weit. Von Bahrs jüdischer Herkunft wurde ja nie gesprochen, nur geflüstert. Da fehlt ja auch weder bei Bahr noch bei Kissinger (Kolumne vom 18. Juli 1971) die *»jüdische Intelligenz«*. Sind in Auschwitz und anderswo sechs Millionen Intelligenzler ermordet worden? Wäre die »jüdische Intelligenz« von Kissinger für uns nützlicher als die von Bahr?

Ich weiß nicht, ob BILD in Israel von ein paar Israelis gelesen wird. Und ob der große Gönner Israels, Axel Springer, sensibel genug ist, die Perfidie eines solchen Artikels, einer solchen Argumentation über den schmierigen Judas zu erkennen. Denn: »Zugegeben: Egon Bahr eignet sich physiognomisch und figürlich für jeden Hintertreppenroman der Spionage. Aber was kann der Mann für sein Gesicht? Die Guillaumes sehen wie Guillaume aus und nicht wie Bahr.« Die Frage, was Herr Boenisch für sein (hübsches) Gesicht kann, ist damit auch beantwortet, und vielleicht hätte man ihn strahlend, mit Boxhandschuhen versehen, zu Breschnew schicken sollen. Gekniet hätte *der* nicht, auch keinen Diener gemacht wie Wehner, der Stacheldrahtstratege. Merkwürdig ist nur, daß Bahr, der kein Judas ist – oder doch einer? –, daß Bahrs politische Ideen den Russen und auch den Westmächten gut in den Kram paßten, und da bekam der eine den Nobelpreis und da soll der andere nun die Schande bekommen? Nein, dieser »Anti-Typ als Germanen-Judas«? Nein, wo doch der eine den Nobelpreis für etwas bekommen hat, für das der andere, der manchmal doch recht schmierig wirkte, die Vorarbeit geleistet hat. Mein Gott, wie ungerecht doch die Welt ist. Und wie gerecht BILD am SONNTAG. »Politischer Kampf gegen die Bahrs und Brandts ja und gerne, aber nicht politischer Rufmord.« Nein, um Gottes willen nicht. Das liegt uns nun einmal nicht: Wir zeigen auf die Menschen mit dem Finger, indem wir nicht mit dem Finger auf sie zeigen. Denn »diese Methode wäre noch schmieriger, als *(sie)* manchmal wirkt«.

Wenn es einen Meistertitel in Drecksarbeit gäbe: er hätte ihn verdient.

Peter Boenisch

# Ist Bahr ein Judas?

**E**in Mensch, geboren als Egon Bahr am 18. März 1922 in Treffurth, hat es an dieser Stelle, in den Spalten dieser Zeitung, nie leicht gehabt. Er wurde mehr bekämpft, mehr kritisiert und mehr herumgestoßen als irgendein anderer. Aber all das geschah ohne Hinterlist im offenen Schlagabtausch.

So mag es auch ein Schlag für ihn sein, wenn jetzt Teile eines Gesprächs veröffentlicht werden, das er vor elf Jahren geführt haben soll, an das er sich kaum noch erinnern wird und das sich damals wie heute nicht gut anhört. Zu verkumpelt ist der Ton.

**Wer es immer noch nicht wußte, der hört es nun von diesem krächzenden Tonband**

**B**ahr war der falsche Mann für die Gespräche mit den Russen. Ein Mißgriff von Brandt mit fatalen Folgen.

Doch das ist nicht neu und schon schlimm genug. Will man nun noch beweisen, daß Egon Bahr nicht nur ein Versager, sondern auch ein Verräter war? Wo sind dann die Beweise? Tonbandbruchstücke aus dem Antiquitätenladen der Großen Koalition — ist das alles?

So unbeliebt wie Bahr ist, braucht man nur noch mit dem Finger auf ihn zu zeigen, um ihn umzustoßen. Doch diese Methode wäre noch schmieriger als er manchmal wirkt.

**Egon Bahr, der Anti-Typ als Germanen-Judas. Ist er das? Ich wette 1000 zu 1: Er ist es nicht.**

Bahr mag Kiesinger nicht alles über seine Kontakte mit den Russen erzählt haben. Aber einem hat er bestimmt alles erzählt: seinem Freund Willy Brandt. Und Egon hat unter Garantie keinen Schritt in die Nähe einer Russenbluse gemacht, ohne das mit Willy vorher genau zu besprechen.

**Für den einen den Nobelpreis und für den anderen die Schande?**

Da enthüllt Herr Carstens jetzt nach elf Jahren, daß Bahr in Berlin mit Geheimdienst-Russen sich getroffen habe. Na, sowas. Und zwar nicht nur beim Cocktail, wie Egon sich erinnert. Man hört im Hintergrund die Gläser nicht klingeln. Und eine Stunde hat es gedauert. Na, sowas. Eine Stunde mit den umständlichen Russen ist soviel wie zehn Minuten mit Amerikanern.

Und Geheimdienstler waren die Sowjetmenschen. Wer hätte das gedacht? Auch der außenpolitisch so versierte Herr Carstens wird schon mit Agentengenossen gesprochen haben. Und wenn er das jedesmal gemerkt hat, dann ist er der beste Rußlandkenner der Welt. Denn man muß eine Radarnase haben, um zu spüren, ob der ehrenwerte Genosse aus Moskau nur für das Außenministerium, nur für den Geheimdienst, nur für das ZK der KPdSU oder

BILD am SONNTAG, 13. 10. 1974

sicherheitshalber für alle drei arbeitet.

**D**ie für alle drei arbeiten sind die besten, aber die trifft man am seltensten. Und die schönen alten Zeiten, in denen der Chauffeur der Chef war und nicht der Botschafter, sind auch bei den Russen vorbei.

Zugegeben: Egon Bahr eignet sich physiognomisch und figürlich für jeden Hintertreppenroman der Spionage. Aber was kann der Mann für sein Gesicht? Die Guillaumes sehen wie Guillaume aus und nicht wie Bahr.

Die simple Wahrheit ist: Bahrs politische Ideen paßten den Russen (und auch den Westmächten) gut in den Kram. Viel zu gut, um sich das Risiko einer Zusammenarbeit mit dem Geheimdienst zu leisten.

**Brandts und Bahrs Politik des „Wandels durch Annäherung" war ein Traum, ein nationaler Selbstbetrug. Der Wandel brachte die Abgrenzung und nicht die Annäherung zwischen Deutschland West und Deutschland Ost.**

Noch nie lag die „DDR" fester in den Armen von Mütterchen Rußland als heute. Losgelöst und losgesagt von Deutschland.

Die historische Mitschuld daran tragen Brandt und Bahr. Und sie werden jedes Jahr schwerer daran tragen. Über ihre Fehler sollten wir uns streiten, aber nicht über ihre Cocktails. Spionagestories und Bettgeschichten sind zu klein für die Größe ihres Irrtums.

Politischer Kampf gegen die Bahrs und Brandts ja und gerne, aber nicht politischer Rufmord.

**PS** **Die moralische Entrüstung über Egon Bahr steht der Opposition nicht gut zu Gesicht. Oder habt ihr vergessen, daß manche von euch zu der Ostpolitik „jein" gesagt haben, weil sie ja sagen wollten? Und daß andere jein sagten, weil sie zum Nein zu feige waren?**

BILD am SONNTAG, 13. 10. 1974

Was Wehners Diener vor den SED-Genossen war, ist Kohls tiefe Verbeugung vor dem chinesischen Geschäftsträger. War Bahr *kein* Germanen-Judas, so ist Kohl ein Knick-Germane. Hier wird die Körpergröße (1,93 Meter) zum Verhängnis. Wenn jemand, der nun mal 1,93 Meter groß ist, vor jemand, der schätzungsweise 1,61 bis 1,65 Meter groß ist, eine auch nur angedeutete Verbeugung macht, wird sie unvermeidlicher- und notwendigerweise zum Knick. Würde er stolz erhobenen Hauptes dem Kleineren die Hand geben, dann würde er verachtungsvoll einfach über ihn hinwegblicken; oder sollte Kohl etwa in die Knie gehen, damit er ungefähr mit dem chinesischen Geschäftsträger auf gleicher Kopfhöhe wäre und nur zu knien, nicht zu knicken brauchte? Das Problem ist schwer zu lösen, wo »die sonst so uneinigen Bundesdeutschen sich einig (sind), von links bis rechts, wenn es um Freundschaft mit China geht«. Was soll man da machen bei dieser Körpergröße? Vielleicht doch Biedenkopf hinschikken, dieses »Männchen«, der sich später einmal in einem berühmt gewordenen Telefongespräch anmaßte, »einem Pfälzer Riesen« zu sagen: »Sei ein Mann« (15. Juli 1975). Das Problem Knien oder Knicken ist nicht zu lösen. Die Hand geben sollte man einem Chinesen schon – immerhin sind die doch gegen die Russen (ich erlaube mir, vor Illusionen zu warnen) –, denn was man in Peking Gutes tut, das ärgert Moskau. Aber Knikken? Wohin mit den in diesem Falle lästigen etwa 32 Zentimetern? Kohl kann zwar gelegentlich ganz gut den Hans GuckindieLuft spielen, aber über einen chinesischen Diplomaten hinweg in die Luft gucken? Ob da nicht knien doch besser wäre als knicken, das leicht in knicksen ausarten kann? Da bräuchte man doch vielleicht ein »Männchen« wie Biedenkopf, der zwar auch aus der Pfalz stammt, aber kein »Pfälzer Riese« ist. Nicht einmal Kohl kann es Boenisch recht machen. Wer kann das wohl? Da gibt es am 27. Oktober 1974, wenige Wochen später, eine ganze Serie von Ratschlägen, die man nur beherzigen kann:

● Wer mit dem Osten verhandelt, ist noch kein Verräter des Westens. Wer mit dem Osten handelt, ist noch kein Verkäufer, kein Ausverkäufer deutscher Interessen.

● Wer den Westen, wer die Freiheit liebt, ist kein Knecht des Kapitals. Und wer den Westen kritisiert, ist noch kein Kommunist.

● Wer die Entspannung bezweifelt, ist noch kein „kalter Krieger". Und wer die Entspannung wünscht, noch kein Friedensengel.

● Wer für die Gewerkschaften kämpft, ist nicht der liebe Gott. Und wer sie attackiert, ist kein Höllenhund (und auch kein „Maulwurf", wie Herr Vetter meint).

● Wer Krach macht, ist deswegen noch kein Staatsfeind. Und wer nie Krach macht, ist kein guter Bürger.
● Wer Ordnung will, ist kein Nazi. Und wer unordentlich ist, kein Anarchist.

Ein Wehrdienstverweigerer ist keine Flasche und ein Soldat kein Pistolenheld.
● Wer Wehner satt hat, ist kein Menschenfresser. Wer Dregger wählt, ist kein Schwarzer. Und wer Schmidt respektiert, kein Roter.
● Wer Strauß bewundert, ist kein Faschist. Und wer Kohl in erster Linie für Gemüse hält, ist deswegen kein Feind der CDU und – was den anderen Kohl betrifft – auch kein Kriegstreiber gegen die „DDR".

Na also, ist ja alles wieder gut. Der Bahr war doch kein Verräter. Wer mit dem Osten handelt, ist noch kein Verkäufer, kein Ausverkäufer deutscher Interessen. Es ist doch alles so lieb! Gewerkschaften, sogar Wehrdienstverweigerer, Wehner, Dregger und wie sie alle heißen mögen: *eigentlich* doch nett. Strauß ohnehin. Nur – und diese paar Zeilen möchte ich doch hervorheben und betonen: »Und wer *Kohl* (Hervorhebung von mir) in erster Linie für Gemüse hält, ist deswegen kein Feind der CDU (...)« Das wird Kohl doch sehr gefreut haben und vielleicht auch heute noch erfreuen. Kohl ist ja nun wirklich *auch* ein Gemüse. Als Name ist er so ehrenwert wie jeder andere, mag einer nun Kappes oder Kuttel oder möglicherweise Kotzbruder heißen, und ich bin nun mal der altmodischen Ansicht, daß man wegen eines Menschen Namen ihm weder Vorwurf noch Spott machen sollte, so wenig wie aus dem Beruf irgendeines seiner Vorfahren. Der Name Kohl hat einen so ehrwürdigen Ursprung wie das Gemüse. Es stammt vom lateinischen »caulis« ab, hat also eine Ahnenreihe, die weiter zurückreicht als mancher Uradel. Kohl war – um das Jahr 1974 herum – der Name eines ziemlich bekannten deutschen Politikers, über den man streiten kann. Aber dieser billigen Pointe wegen kann Boenisch auf diesen miesen Gemüse-Seitenhieb nicht verzichten. Ich fand es auch immer widerlich, wenn man mit der Tatsache Häme zu verbreiten suchte, daß der Vater von Strauß Metzgermeister war. Metzger ist ein ehrliches Handwerk, wer je auch nur einen Zipfel Wurst gegessen hat, sogar ein totaler Vegetarier, hat keinen Grund, aus dieser Tatsache irgendwelche Häme oder gar Anspielungen abzuleiten. Mit Namen spielt er ganz gern ein bißchen Demagoge, das »Männchen« Biedenkopf, der es da wagte, einen Pfälzer Riesen zur Männlichkeit aufzufordern, den mag er wohl im Grunde nicht. Der schlägt zwar gelegentlich auf willkommene Weise zu: gegen die Ruhr-Filzokratie, und natürlich: So ein kleiner Professor, der sich auszudrücken weiß, ist gut zu gebrauchen, nur darf es nicht zu weit gehen: Wenn er (29. Juni 1975) aus dem »Kanzlerkampf« einen »Kanzlerkrampf« macht, dann wird er zum »Biedenkropf« der CDU, und der vergißt gar über seiner »Liebe zu den Jungbärten (...) die Wichtigkeit der Gamsbärte«. Das ist gefährlich, und so einen Kropf muß man dann ja auch bald wegoperieren. Zwei Jahre später wird's noch besser (13. März 1977). Da gab es diesen peinlichen CDU-Parteitag in Düsseldorf, von dem dann nun wirklich alle enttäuscht waren.

# Meine Meinung

Peter Boenisch

# Deutsche mit Knick

**D**er große Vorsitzende aus der Pfalz (1,93 m) ist im Lande des ganz großen Vorsitzenden (Mao). Das ist schön, gut und richtig. Die sonst so uneinigen Bundesdeutschen sind sich einig, von links bis rechts, wenn es um Freundschaft mit China geht.

Hoffentlich macht Kohl bei seinem ni hao (guten Tag) in der Volksrepublik China eine bessere Figur als beim zaijian (auf Wiedersehen) in Bonn. Da kippte der schwarze Riese plötzlich mit dem Oberkörper nach vorn, als habe ihn jemand in den Solar plexus geschlagen.

Maos geschickter Bonner Geschäftsträger Sung Yi-fung ergriff zum Glück die gleichzeitig ausgestreckte Hand des CDU-Vorsitzenden. Sung weiß, daß des Deutschen 90-Grad-Bewegung um den eigenen Schwerpunkt nett und höflich gemeint war. Mit dem plötzlich vorschnellenden Oberkörper sollte niemand erschlagen werden. Kohl ist massig, aber friedlich. Er hatte wohl nur asiatische Grußformeln verwechselt. Und so entstand das neue Bonner Good-bye:

**Ein japanischer Diener mit ausgestreckter deutscher Hand vor dem chinesischen Diplomaten. Der Kopf der Pfalz an Asiens Nabel.**

Nun muß nur noch der Schmidt dem Breschnew die Russenküsse auf die Wangen knallen, dann weht der Duft der großen weiten Welt durch die deutsche Politik.

Sonst geht und weht wenig. Schmidts Masche, alle Probleme links liegen zu lassen, ist zur Laufmasche geworden. Man sieht den Riß. Er tut so, als gäbe es Jusos und Radikale nicht. Sie tun so, als gäbe es ihn nicht.

Bei den wirtschaftlichen Schwierigkeiten kann keiner so tun, als gäbe es sie nicht. Dafür gibt es Durchhalteappelle Der Helm wird von Pleite zu Pleite fester gebunden.

Ist diese Regierung hart und stark, was gut wäre, oder ist sie nur taub und oft verreist?

**W**ir quälen uns über die verstopfte Autobahn unserer Probleme, und der Kanzler läßt die und uns unter sich liegen. Er fliegt. Nach Rom. Nach Paris. Schöne Städte. Wichtige Freunde. Aber haben wir keinen Außenminister mehr?

Deutsche Kanzler suchen ihre Erfolge immer draußen. Doch inzwischen ist bei uns einiges angebrannt. Man kann nicht dauernd vor den häuslichen Problemen an die Tische der großen Welt flüchten.

BILD am SONNTAG, 8. 9. 1974

**Bonns Affären, Wienand, Wehner, kein Wort vom Kanzler. Er kehrt zwar nicht den Dreck unter den Teppich, aber er läßt ihn liegen. So als ginge ihn das alles nichts an.**

**K**ollege Vetter wagt sich soweit vor wie noch nie und fordert eine von Bürokratie und Funktionären beherrschte Wirtschaft (staatliche Investitionskontrolle). Kein Wort vom Kanzler. So, als ginge auch das ihn nichts an.

**Reise nach China: Das war der Abschied des CDU-Vorsitzenden Helmut Kohl auf dem Frankfurter Flughafen von dem chinesischen Geschäftsträger in der Bundesrepublik, Sung Yi-fung**

**Der Wirtschaftsminister stellt – leider zu Recht – fest:**

● Die nächsten Lohnerhöhungen müssen u n t e r 10 Prozent bleiben. Dazu kommt dann endlich ein Wort vom Kanzler, aber das ist lau und deshalb gefährlich:

● Die nächsten Lohnerhöhungen müssen geringer sein als die letzten.

Es ist ziemlich enttäuschend, wie der als Verteidigungsminister so forsche Schmidt an den Problemen vorbeizuwedeln versucht. Slalom neben den Toren. Angst vor den Hindernissen? Ungewißheit über das Ziel?

**Früher hatte Schmidt vor Generälen weniger Respekt als heute vor den Generalsekretären.**

Es wird ein wenig unheimlich, wie unsicher Deutschlands führende Politiker wirken. Vor Russen, Chinesen und Gewerkschaften knicken sie ab. Knick-Germanen.

**PS.** In diesem Altweibersommer denkt man voller Wehmut an einen alten Mann, Konrad Adenauer. Er stieß einen der alliierten Hochkommissare in die Seite, um auf dem roten Teppich zu stehen und nicht daneben. Er ging vor Gott in die Knie. Und das reichte für den ganzen Tag.

# BILD am SONNTAG, 5. 1. 1975, 8. 6. 1975 und 13. 3. 1977

Der Parteitag war ja nun einmal den »Linken« nicht links genug, die hatten sozialpolitisch fast Revolutionäres erwartet, das dann nicht kam. Den Rechten war er nicht rechts genug, das war doch kein Parteitag, das war »Phanodormia 77«. Und die Mitte? Wie das mit Mitten so ist, da wird's leicht schwammig. »Und bei zu vielen wankt schon wieder der Glaube an ihren Zweimeterpropheten«, dessen Wort »zu schwammig«, dessen Politik zu »wenig griffig« ist. »Der Mann braucht eine neue Partitur. Vielleicht setzt Geissler neue Akzente (Das hat er ja inzwischen reichlich getan), aber noch hat das Adenauer-Haus weniger Köpfchen ohne Biedenkopf.« Ob das »Männchen« doch fehlt? Inzwischen haben sie ja einen neuen Mann mit einem enormen Köpfchen: Worms. »Das Auditorium wartet auf die große Arie und hört ein Liedchen aus der Pfalz.« Und es ist alles so »nett und honett«. »Für Recht und Menschenrecht. Carters Deutsche Union. *Jimmy aus Mainz. Mainzeljimmy.*« Ob Kohl das wohl gefallen hat und noch gefällt? Ich warne alle Kohlgegner davor, hier zu lächeln, gar zu triumphieren und zu denken: Mein Gott, ist das gut! Vorsicht! Diese Süffigkeit enthält das unvermeidliche Gift: Nicht schlucken, und wenn da einer schon einen Zug von dieser Süffigkeit getan hat: wieder ausspucken, bevor es runter ist. »Die Rache – oder die Vorsicht – von Franz Josef, nicht zu den schwarzen Brüdern an den Rhein zu kommen und statt dessen den Schwarzen Afrikas die Ehre zu geben, wurde zur übertrieben harten Strafe. Alpenländischer Sadismus. Ohne den furor bavaricus fühlt man sich elend, wie bei einer Entziehungskur. Düsseldorf war der Beweis, daß Kreuth nicht geht.« (Weil die CDU ohne die CSU zu einer verschwommen liberalen Partei würde.) »Ohne Stier und Ochsen aus Bayern ist jedes Unionstreffen in Gefahr ein Vegetarier-Kongreß zu werden. Der Wein wird verwässert und verzuckert, *verweizsäckert* (Hervorhebung von mir). Ohne Strauß und seine Cowboys gibt niemand der CDU die Sporen, macht niemand Kohl Dampf.« (Hier muß er sich den naheliegenden Kohldampf, den die CDU ohne CSU leidet, mit Mühe verkniffen haben.)

Ob Kohl ahnt, wessen Statthalter er da als Regierungssprecher angeheuert hat?

Oder ob er gar nicht ganz so frei bei dieser Wahl war. Da wird er nicht nur zum Mainzeljimmy, der Name Kohl zur bloßen Bezeichnung einer Gemüsesorte, da wird auch später dann ein wirklich amüsanter Witz vorgelegt (28. August 1977): »In Washington fährt eine große, schwarze, leere Limousine vor. Kohl steigt aus.« *Wer* die schwarze Limousine füllen *würde,* ist wohl klar. Kohl hat ja wohl auch die »Klassenkeile«, die das Volk ihm erteilt hat, verdient. Und doch ist Kohl »besser als sein Ruf«, während Schmidt schlechter als sein zu guter Ruf ist. Den Albrecht mag er aber auch nicht. Der kam aus der »Keksfabrik Bahlsen« . . . und »da strahlten die Zähnchen des politischen Wunderkinds um so heller. Jetzt wackeln sie. Vom Butterkeks zum harten Brot der Politik. Da zeigt sich, wie fest die Beißerchen von Mamas Liebling sind.« (. . .) »Der, der aus der Kekstüte kam, hat sich zum Krümel machen lassen.« Von wem? Natürlich von der FDP, denn er unterwirft sich da einer »Rundumerpressung« des »vorsichtigen Dicken«. Na gut, ich denke, ich sollte jetzt ernsthaft anfangen, Papier zu sparen. Wo die wahre Kraft, wo die Ochsen und die Cowboys herkommen, ist zwar schon einige Male gesagt worden. Da wird Wehner vorgeworfen, daß er von »pissen« spricht, eine Woche später spricht er selbst von einem »Scheiß-Jahr« (22. Dezember 1974 und 29. Dezember 1974). In diesem Jahr waren »wir« aber doch Fußballweltmeister, und unsere Frauen, unsere so liebenswerten Frauen, die so viel besser sind als ihr Ruf (wehr mag wohl ihren Ruf verdorben haben?), die loben wir ja viel zu wenig. Und natürlich ist dieses Lob keine »nette Masche von dem Boenisch, zum Jahresende nett zu den Frauen zu sein. Irrtum. Ich bin ein Überzeugungstäter, auch wenn es um Frauen geht. Und eines kann ich den Damen kaum verzeihen: 72 Prozent Einschaltquote bei Peter Alexander. Drei Prozent mehr als beim Endspiel der Fußball-Weltmeisterschaft. Nichts gegen Peter Alexander, aber mir ist Beckenbauer lieber. Auch im nächsten Jahr. Prosit Neujahr!« Diese leise Kritik an den deutschen Frauen ist aber nun wirklich ungerecht. Wenn wir von vereinbarten 30 Millionen weiblicher deutscher Wesen ausgehen, knapp 70 Prozent davon Fußball glotzen, dann wären das doch immerhin 21 Millionen deutscher Frauen. Da muß er sich in der Statistik mal wieder vertan haben, vielleicht sind da doch ein paar Männer mitgezählt. Die Hoffnung, daß die Deutschen eines Tages zu 100 Prozent Fußball glotzen (müssen!), aber nur zu 98 Prozent Peter Alexander, die Hoffnung, daß Stärke, Gesundheit, völlig unentartetes Volksempfinden eines Tages Wirklichkeit werden, die liegt nun einmal nicht im Norden, schon gar nicht bei Albrecht, diesem »Bommi mit Keks« (obwohl er doch inzwischen bewiesen haben dürfte, daß sein Lächeln keineswegs süß ist und seine »Beißerchen« härter, als irgendeiner gedacht haben mag – da denkt man gelegentlich an ein berühmtes Brecht-Lied, wenn man dem so »mitten ins Gesicht« sieht). Nein, der ist es nicht, DER DA KOMMEN SOLL. »Der Aufstieg der CSU ist unaufhaltsam.« Wo Bier, Mönche, Fröhlichkeit herrschen, wo man ganz sicher ist, daß mit diesem Papst Paul VI. »nicht viel los« ist (müssen wir möglicherweise eine weitere Fremdsprache lernen, wo wir doch nicht wissen können, daß »net vui« »nicht viel« heißt, und war dieser Papst nicht zu seiner Zeit bemüht, die polnisch-deutschen Bistumsgrenzen den »Realitäten« anzupassen, die weder Springer noch Boenisch zu bemerken geruhen?), »menschlicher Zufriedenheit begegnet man heutzutage so selten, wie dem lieben Gott. Bayern hat beides. Zumindest stundenweise«. Und da unten ist das

Bier doch »eine Messe« wert. Ach, wenn wir den Herrgott und die Bayern nicht hätten! Da wird er dann auch endlich mal gelobt, weil er doch den Wehner aufs »Pottschamperl g'hockt hat«. Daß aus dem preußischen Leutnant kein guter König wird, ist klar. Ob da wohl ein bayerischer Oberleutnant König-Kanzler werden soll? Natürlich, der könnte es, aber die lassen ihn ja nicht. Warten wir's ab. Zur Wahl hat er sich ja gestellt, und diese verfluchten Norddeutschen haben ihn nicht gelassen. »Politische Böcke wurden diesmal nicht geschossen – doch sie waren alle erschienen. Auch ein Böckle von der CDU: Generalsekretär Professor Biedenkopf.« Und nur einmal in drei Stunden prosteten sich der Bayer, der da heißet Strauß, und der Professor zu (gibt's nicht auch bayerische Professoren, oder ist Professor ein Schimpfwort?). »Zwar sind sie in wichtigen Fragen viel einiger als die SPD-Genossen (...) Aber die menschlichen Unterschiede sind enorm. Im Temperament, in der Mentalität, in der Ausdrucksweise. Vielleicht liegt es an der fehlenden Weltanschauung«, und dann landet er plötzlich einen Volltreffer: »Das Kreuz hält politisch nicht mehr viel zusammen.«

Gemeinsam einen saufen, ist – wie boxen – doch die einzig wahre Diplomatie, die beste Politik. Zwei bayerische Gesandte scheiterten in Berlin. Der dritte, Graf Hugo Lerchenfeld, »soff wie ein Loch«. »Bei Bismarck gab's Champagner und alten Jamaika-Rum. Nicht nacheinander, sondern durcheinander. Es gab nur zwei, die das aushielten: Bismarck und der Bayer. Der Bayer blieb 38

Jahre in Berlin.« Na, also. Ob der Bahr einfach nicht trinkfest genug war, wo doch von Willy Brandt das Gegenteil gemunkelt wird? Haben wir nicht die wahren, die trinkfesten Säufer in unserem diplomatischen Dienst? Die SPD ist einfach nicht fröhlich genug, wo die Bayern doch nicht nur menschliche Zufriedenheit haben, sondern gar noch etwas Besseres, vielleicht das Beste: den lieben Gott. Zufriedenheit, Gott, Trinkfestigkeit, Boxen – und alle Probleme sind gelöst.

# Meine Meinung

**Peter Boenisch**

# Prosit, ihr Südgermanen!

**W**ir saßen im Kloster. Im Bräustübl. Wenn die Mönche im bayerischen Andechs vom Beten soviel verstehen wie vom Brauen, dann ist ihnen im Himmel ein Logenplatz gewiß. Das Bier ist eine Messe wert.

Gott zum Dank, Bier zum Trank. Wer Durst hat, der pilgere nach Andechs! Auch der Käse ist dort köstlich. Für den nächsten Durst. Hier stimmt der Kreislauf des Leibes und des Lebens. Entsprechend zufrieden wirkt der Mensch. Und allein das ist ein unverhofftes Vergnügen, denn menschlicher Zufriedenheit begegnet man heutzutage so selten, wie dem lieben Gott.

**Bayern hat beides. Zumindest stundenweise.**

Die Atmosphäre im Bierkloster ist ähnlich und doch anders als im Bierzelt. Ähnlich eng, aber etwas leiser. Ohne Musik. Bayerisches Bier ohne bayerischen Defiliermarsch. Fast ein Wunder für oktoberfestgewohnte Touristen. Und die sangesfreudigen Rheinländer

bremst ein Schild an der Wand: „Singe im Gesangverein, in diesem Haus soll Ruhe sein."

Trotzdem ist es noch laut genug und alle Augenblicke greift einer unter den Tisch. Dort stehen die mitgebrachten Essenskörbe. Picknick im Kloster. Von der selbstgebratenen Haxe bis zur vermutlich nicht selbst gepflückten Tomate kommt alles zum Vorschein, was schmatzt und schmeckt.

**E**s war Neujahrsmorgen. Bayerns Landesvater betrat die Stätte lukullischer Schlacht. Wahrscheinlich hatte er gebetet, bestimmt hatte er Durst. Er, der Ministerpräsident Alfons Goppel, kam ohne Tam-tam und ohne Gefolge. Die Leute legten Krug und Besteck aus der Hand und klatschten. Ob sie wohl in Hamburg bei Klose klatschen würden oder bei Kühn in einer Kneipe im Ruhrgebiet?

Ich fragte einen Bayern nach dem Grund solch spontaner Freundlichkeit. Er nahm einen Schluck und sagte:

**„Der is scho recht. Des is a ganz a Guata."**

BILD am SONNTAG, 5. 1. 1975

Nun wußte ich ein bißchen mehr über den guten Goppel und wie man zu 62 Prozent Wählerstimmen kommt. Und so machte ich mich – nicht nur in Andechs – auf die Suche nach weiterer bayerischer Volksmeinung. Am schwersten war dabei, echte Bayern in Bayern zu finden. Hier ein paar Kostproben.

● Über Papst Paul VI: „Mit dem is nix." Und dann nach einer Pause, so als habe man sich plötzlich an die heilige Kommunion oder an den streng blickenden Pfarrer erinnert: „Net vui."

**Auf hochdeutsch: „Mit diesem Papst ist nicht viel los." Da werden nicht viele widersprechen.**

● Über die Ostpolitik und über das Eingeständnis von Staatssekretär Gaus, daß man sich zu viele Illusionen gemacht und zu schnelle Erfolge erwartet habe:

„Mei, so a Schmarrn. Vor de Wahln da hat's noch g'hoaßn des mit der Entspannung des muaß ganz schnell geh'n und jetza nach de Wahln, da hoaßts plötzlich des hat no fuffzehn Jahr Zeit. Mei, da habn's uns sauba verladn."

**Daß hoaßn heißen heißt, ist hier wohl das einzige, was man setzen muß.**

● Über Wehner: „Du bist doch der, wo an Wehner aufs Pottschamperl g'hockt hat, aber das huit fei nix."

Hier wird es schon schwieriger. Auf hochdeutsch: „Du bist doch der, der den Wehner auf den Nachttopf gesetzt hat, aber das wird nichts helfen."

**Die dann folgenden bayerischen Kosenamen für Wehner verschweigt der preußische Chronist. Mein Hinweis, daß es im Norden 16 000 Mark Strafe kostet, wenn man einen Abgeordneten „Armleuchter" nennt, amüsiert Bayern königlich.**

Ob Bauer oder Minister, sie lachen darüber dröhnend und meinen, da hilft nur eines: nach Bayern umziehen.

● Über Bundeskanzler Schmidt: „Aus so preißischem Leitnant werd niea a guata deitscha Kini."

**Kini ist König. Noch interessanter als die nicht nur parteipolitisch, sondern auch landsmannschaftlich bedingte Abwertung des Leutnants Schmidt – immerhin war der Oberleutnant – ist die Betonung d e u t s c h e r König.**

Ob die Bayern, wie Franz-Josef Strauß behauptet, die letzten Preußen sind, bleibt zu bezweifeln. Aber mit dem Deutschsein meinen sie es ernst. Gute Germanen wohnen im Süden.

● **Ob ihr Franz Josef Kanzler werden soll?**

„Könna tat's der scho – aber lass'n tean's eahm net."

Er könnte es, aber sie lassen ihn nicht.

Auch hier werden die Bayern wohl recht behalten.

● Über die FDP: „Bremsen könna's net – da san's z'kloa. Steuern könna's a net – da san's a z'kloa. Mitfahrer san's halt nur. Schwarzfahrer bei de Rot'n."

Anmerkung für norddeutsche Richter. Pottschamperl ist keine Beleidigung. Abgeleitet vom französischen pot de chambre: Zimmertopf.

**Bayern ist wirklich von A bis Z eine Reise wert.**

# Meine Meinung

**Peter Boenisch**

# Rot - blutig - blaß!

**V**om Bierkeller in die Stuckvilla. Der Aufstieg der CSU ist unaufhaltsam. Die Alpenpartei umarmte wie alljährlich die Musen, den Sport und das Geld. Und diesmal tat man es etwas feiner. Unter alten Bildern zeigte Bayern, daß es von Franken regiert wird. Frankenwein floß in Mengen, als liefe er aus dem Hahn. Bocksbeutel statt Bockbier.

Politische Böcke wurden diesmal nicht geschossen – doch sie waren alle erschienen. Auch ein Böckle von der CDU: Generalsekretär Professor Biedenkopf. Er, mit schwarz-weißer Krawatte, saß links neben Strauß mit weiß-blauem Bayernschlips. Genauer: Fast daneben. Zwischen beiden – Franz Josefs Frau Marianne – ein Fels des Friedens, im schwarzen Dirndl mit strahlend blauer Schürze.

Und wenn auch der Bayer und der Professor sehr freundlich miteinander umgingen und sich sogar einmal in drei Stunden zuprosteten, so schien doch die blaue Schürze zwischen beiden so groß wie der Chiemsee zu sein. CDU und CSU, noch immer befreundeter als viele glauben, sind Freunde, die sich von ferne zuwinken. Von Ufer zu Ufer.

**Z**war sind sie in wichtigen Fragen viel einiger als die SPD-Genossen untereinander. Auch heute noch. Aber die menschlichen Unterschiede sind enorm. Im Temperament, in der Mentalität, in der Ausdrucksweise. Vielleicht liegt es an der fehlenden Weltanschauung. Das Kreuz hält politisch nicht mehr viel zusammen. Oder liegt es einfach daran, daß bei den anderen, bei der SPD, die Bayern keine Rolle spielen?

**Ohne Bayern wird jede Partei eintöniger.**

Bei den Bayern wartet man immer voller Spannung auf den nächsten Auftritt. So auch an diesem Freitag. Franz-Josef, die Schultern etwas hochgezogen, rollt wie ein Kampfwagen zum Mikrofon. Einer fragt leise: „Ob der Strauß in dieser Woche seine Kanzlerkandidatur erklärt?" Biedenkopf lächelt: „Dazu ist der viel zu klug."

**D**och mit jedem Schritt, den Franz Josef dem Mikrophon näherkommt, werden des Generalsekretärs lustig-listigen Augen ernster. Die norddeutsche Selbstsicherheit weicht aus dem sorgfältig gebügelten schwarzen Anzug wie Luft aus einem angestochenen Reifen. Aber blitzschnell hat sich Biedenkopf wieder unter Kontrolle. Er hat sofort erfaßt: Strauß ist heute so sanft wie der grüne Samt an seiner Trachtenjacke.

Der Bayer sorgt sich um Portugal und freut sich über die Engländer. Er feiert ihr Bekenntnis zu Europa so herzlich, als habe er sein Abitur in Eton gemacht und nicht im Maximilianeum.

Vergessen ist der Zorn über die Fußballer von Leeds, die den Bayern so böse in die Hacken getreten haben. Es lebe England und hoffentlich auch Portugal. Ein Hoch auf Europa, Kohl und die CDU sind plötzlich ganz weit weg. God save the Queen!

**U**nd die Leute, worüber haben sie geredet an diesem Abend in München? Über die besorgniserregen-

BILD am SONNTAG, 8. 6. 1975

den Arbeitslosenzahlen, über den unverantwortlichen Aufstiegsschwindel und über die miserablen Bonner Minister.

Man solle nicht Schmidt angreifen, sondern sein Kabinett, diese katastrophale Regierung. Vielleicht die schlechteste, die wir je hatten. Aber so richtig geschimpft wird auf die Minister nicht. Das Mitleid mit ihnen und das Selbstmitleid überwiegen: Ob wir wohl jemals wieder ans Ruder kommen?

Geschimpft – und zwar kräftig wird nur auf das Fernsehen. Da sind sie alle ein einig Volk von Brüdern. Fernsehen ist schlechter als Hitchcock. Sie töten immer irgendwas und irgendwen. Nur eines nicht: die Langeweile.

In Kanada hat der Justizminister errechnet, daß ein Kind 13 000 Morde im Fernsehen sieht, bis es halbwegs erwachsen ist. Und bei uns ist es ähnlich. Die familienbewußten Bayern ärgern sich: „Entweder wir gähnen oder die schießen."

**Schwarz-rot-gold ist unsere Republik, aber rot-blutig-blaß ist unser Fernsehen.**

Der Unmut über das Fernsehprogramm, schon immer latent vorhanden, aber noch nie so akut und böse, wird sich nicht alleine auf Bayern beschränken. Tatsächlich hat man den Eindruck, als nähmen die guten interessanten Sendungen laufend ab. Mit dem Geldmangel kam die Qualitätsschwindsucht. Nichts geht mehr und manches versteht man nicht mehr. Da wird ein Riesenkampf gegen die Schleichwerbung geführt. Auf dem Rücken der Zuschauer. Und dann wird ein Spielfilm gezeigt, bei dem immer wieder Coca Cola über den Bildschirm läuft. Das Zeug schwappte aus jeder Szene. Durch Fernsehen wird der Durst erst schön. Zahlen wir dafür unsere Gebühren? Das Deutsche Fernsehen, das sich, so deutsch ist es immerhin „über alles" für das beste hält, steckt in einer tiefen Krise. Die Flimmerkiste, für zu viele Futterkrippe, Flimmerkrippe, ist überfrachtet mit Kampf, Krampf, Mord und Gehirnwäsche.

Kojak eingelegt in Bott. Glatze in Bitter. Und schließlich nur noch der bittere Bott.

Darauf bitte ein Bit! Allein mit Frankenwein läßt sich der Ärger über das Fernsehprogramm nicht herunterspülen. Der Fernsehkasten wird zur Muff- und Miefkiste.

**PS.** Würde Eddies Vater in Bayern leben, dann würde ihn Eddy fragen: „Was ist öder als Kommunismus?"

„Fernsehen, mein Sohn."

## Meine Meinung

PETER BOENISCH

# Jimmy aus Mainz

Nur zögernd standen sie auf und klatschten. **Finale Andante der CDU.** Ermüdet von der Müdigkeit des Frühjahrs und des Parteitages. Keiner, nicht einer rief Helmut. Zwei Tage zuvor hatten ihm 94 Prozent ihre Stimme gegeben, aber am Ende war die Stimmung schwachprozentig, ohne Schwung. In der Stadt des Altbiers roch es nach Klosterfrau Melissengeist.

Die Stimmung des Volkes hat sich abgekühlt.

Zu abgebrüht hatte sich der Parteitag an den wichtigsten Sorgen der Bürger, Renten, Arbeitslosigkeit, Energie, so schlecht es ging vorbeigedrückt.

**Parteitag? Phanodormia 77.**

Das gefiel vielen Delegierten nicht. Und bei zu vielen wankt schon wieder der Glaube an ihren Zweimeterpropheten.

Kohl ist daran nicht schuldlos. Zu schwammig ist sein Wort, zu wenig griffig seine Politik. Die alte Leier des Wahlkampfes wird zum Ohrwurm. Der Mann braucht eine neue Partitur. Vielleicht setzt Geissler neue Akzente, aber noch hat das Adenauer-Haus weniger Köpfchen ohne Biedenkopf. Zu viele Zähne und zu wenig Biß. Zu viel Lachen und zu wenig Witz.

Wie Brandt betont auch Kohl in seinen Reden die Nebensächlichkeiten (ausgenommen „Deutsches Vaterland"). Da wird ein „und" geschmettert, als sei es eine Fanfare aus Aida. Das Auditorium wartet auf die große Arie und hört ein Liedchen aus der Pfalz.

Nett und honett. Für Recht und Menschenrecht. Carters Deutsche Union.
**Jimmy aus Mainz. Mainzeljimmy.**

Das Gesicht der Partei strahlt immer. Kohl und Albrecht strahlen um die Wette. Die Union strahlt für Deutschland. Alles ist aller Ehren wert, aber auch auf Kohl paßt Wehners Wort über Brandt: „Er badet gerne lau."

Ein Mann zum Regieren geboren und nicht zum Negieren. Zum Versöhnen und nicht zum Streiten. Und wenn er zuschlagen muß, wickelt er sich ein Kissen um die Faust.

So entsteht das, was die CDU-freundliche „Rheinische Post", die „kämpferische Langeweile" nennt. CDU (KL).

Da feiert der Vorsitzende den Deutschlandtag eine mutige Tat. Aber ist es wirklich mutig, fremde Professoren als Ketzer auftreten zu lassen. Nach dem Motto:

**Wir lassen die Schweizer was Neues sagen und bleiben treudeutsch die Alten.**

Am Ende gab es nur Sieger. Hupka, der aus der SPD vertriebene Vertriebene, sagte stolz: Kohl steht fest hinter unserer Deutschlandpolitik. Alles bleibt wie bisher.

Und die Kiep-Truppe freute sich: Kohl steht auf unserer Seite. Na, haben wir die Dinge nicht fein in Bewegung gebracht?

**Der Vorsitzende als Kamerad Überall.**

**Düsseldorfer Programm: Am Tage evangelische Akademie. Abends Altbier und Tanz. Der Abend war das beste.**

Selten sah man auf einem Parteitag so viele gute Gesichter wie hier. Aber wohl noch nie so viele gelangweilte. Die Rache – oder die Vorsicht – von Franz Josef nicht zu den schwarzen Brüdern an den Rhein zu kommen und statt dessen den Schwarzen Afrikas die Ehre zu geben, wurde zur übertrieben harten Strafe. Alpenländischer Sadismus. Ohne den furor bavaricus fühlt man sich elend, wie bei einer Entziehungskur.

Düsseldorf war der Beweis, daß Kreuth nicht geht. Ohne Stier und Ochsen aus Bayern ist jedes Unionstreffen in Gefahr ein Vegetarier-Kongreß zu werden.

Der Wein wird verwässert und verzukkert, verweizäckert.

BILD am SONNTAG, 13. 3. 1977

**Ohne Strauß und seine Cowboys gibt niemand der CDU die Sporen, macht niemand Kohl Dampf.**

Spürt aber der Gaul weder Zügel noch Sporen, wie soll er dann den Regierungszug überholen.

Doch will Kohl das überhaupt noch? Oder will er nur aufspringen auf Genschers Wagen? Hoch auf dem gelben Wagen.

Viel Zeit zum Siegen bleibt Kohl nicht. Die Unionschristen haben nie christliches Mitleid mit ihrem Vorsitzenden gehabt.

Lassen Genscher oder (und) die Wähler den Kohl hängen, dann hängen sie auf dem nächsten Parteitag den Kohl. Mit einem Schild um den Hals: Der schwarze Riese wäscht nur mit Dash von Genscher.

**PS:** Man ging ein bißchen traurig nach Hause. Wieder einmal ging es zuviel um die Wahl und zuwenig um das Wohl der Bürger. Die beiden W's, das Weh-weh der Republik.

Trost kam von einem, der selber Trost verdient: Rainer Barzel. Er spürt die Nöte der Nation und die Not Berlins. Und zwar ein paar Tage vor den neuesten Drohgebärden des Russen Abrassimow.

**„Keiner kann's wie Rainer." Gut, daß es den noch gibt.**

BILD am SONNTAG, 13. 3. 1977

# Nachbemerkung

Immer wieder überwog, während ich meine Kommentare schrieb, das Mitleid, das mir raten wollte, von all dem abzusehen. Manchmal sieht es ja jetzt schon so aus, als wäre der »nützliche Idiot«, der sich jahrzehntelang abmühte, den Weg für eine CDU/CSU-Regierung freizuschießen und dabei auch der wenig geliebten FDP entsprechende Wunden beizubringen – als wäre er, dem man die Eigenschaft eines guten Verkäufers zugesprochen hat, doch nicht fähig, die Politik der gegenwärtigen Regierung zu verkaufen. Ob das an ihm liegt oder an der Politik der Regierung, mögen Eingeweihte beurteilen. Offensichtlich gibt es da in der Bonner Koalition und Kanalisation verstopfte Abflüsse. Ob Kohl BILD doch nicht ganz so nah an sich ranlassen will? Oder ob gar der begabte Verkäufer nicht ganz so überzeugt ist von der Politik, die er da verkaufen muß? Schließlich kann auch der begabteste und charmanteste Verkäufer jemandem, der etwa eine Hose bräuchte, keine verkaufen, die augenscheinlich schon ein paar Löcher hat.

Das Mitleid schwieg *ganz,* als ich die schon fast historischen Kolumnen über Brandt und Bahr, über die Ostpolitik noch einmal las, jene Ostpolitik, die sich jetzt keineswegs als Erblast, eher als durchaus brauchbares Erbe erweist. Und was er über »unsere Frauen« schreibt, denen er Fußball und Alexander als ihnen angemessene Nahrung vorschreibt, während da »Gewitterziegen« Emanzipation betreiben, es war einfach zuviel der Zumutung. Nein. Mitleid mit der Regierung? – die sich BILD ins Haus holte, die beide BILDER immer mehr zu Regierungsorganen macht, wo einige im Kabinett doch wenigstens hätten wissen müssen, nur das eine oder andere hätten nachlesen müssen, um festzustellen, daß weder Kohl noch Weizsäcker es sind, DIE DA KOMMEN SOLLEN? Fährt die »leere Limousine«, aus der Kohl (Gemüse!) aussteigt, jetzt nicht dauernd durch die Weltgeschichte, und ist das Amt des Bundespräsidenten nicht schon reichlich verzuckert, »verweizsäckert«? Hat das »Männchen« gegen »Mann« noch eine Chance, wo doch das »Männchen« Biedenkopf der einzige ist, der Arbeitszeitverkürzung und Atomrüstung nicht durch die Brille des »Mannes« sieht. Nein, beide sind nicht die richtigen Männer, und der Gedanke an Erhards Sturz ist wohl so ganz abwegig nicht. Am 11. Mai 1975 schrieb Boenisch in BILD am SONNTAG: »Es ist ja immer wieder unterhaltsam, wenn alles auf den Strauß eindrischt. Nur eines verstehe ich nicht: Wenn der Bayer wirklich keine Aussicht hat, von den Deutschen zum Kanzler gewählt zu werden, warum verteufelt ihr ihn dann so? Eigentlich müßten SPD und FDP doch beten, daß Strauß Kanzlerkandidat wird, wenn sie 1976 gegen keinen leichter die Wahl gewinnen als gegen Strauß. Also, seid ein bißchen lieb zu Franz-Josef. Der Mann wird noch gebraucht.« Nun haben SPD und FDP – ich weiß das nicht so genau – wahrscheinlich *nicht* um Straußens Kanzlerkandidatur gebetet, und doch wurde das Gebet 1980 erhört. Das Resultat ist bekannt. Zur Popularität von Strauß hat das ganze BILD-Getöne offensichtlich nichts beigetragen. Er war ja nun DER KANDIDAT, und hat's »nicht geschafft«. Dann kam bald die »Wende« – und er kam immer noch nicht nach Bonn. Ob's da nicht eine parlamentarisch korrekte, legale Hintertür gäbe? Was werden unsere lieben Herz-Jesu-Sozialisten wohl denken?

Durch Boenisch, mit ihm sind BILD und BILD am SONNTAG ins Bonner Haus gekommen. Die wird man so leicht nicht mehr los. Letzten Endes wäre dann Boenisch möglicherweise doch nur der »nützliche Idiot« gewesen, den man als Botschafter irgendwohin schicken könnte. Moskau? Russisch kann er; vielleicht ist er trinkfest und kann boxen; gewiß sieht er nicht so »schmierig« aus, wie Bahr nicht ist, aber manchmal, laut Boenisch, gewirkt haben soll.

»Unsere Frauen«, an deren Befreiung er gern teilnehmen, die er aber doch lieber in den Unterhaltungskäfig sperren möchte, mögen sie also Mitleid üben.

Nun will ich zum Schluß nicht verhehlen, daß BILD auch gelegentlich brauchbare Sprüche produziert, sogar solche, die fast Ewigkeitswert haben. Und was Boenisch da am 28. August 1977 schrieb, dafür könnte Staeck vielleicht das Copyright für eine Postkarte erwerben: »Ernster und genauer hat es die dem Volk immer wieder aufs Maul schauende BILD-Zeitung schon vor Wochen ausgesprochen: ›Rentner sind hilflos, Schüler und Eltern ratlos, Steuerzahler verwirrt, Scheidungswillige verängstigt. Die Bürger verstehen immer weniger, was 'die da' in Bonn machen.‹« Staeck brauchte nur die Jahreszahl in 1984 umzuändern und noch ein paar beunruhigte Gruppen hinzuzufügen: Ausländer, Asylanten, Arbeitslose, Auszubildende und Kabelfernsehaspiranten und so weiter und so weiter.

*Heinrich Böll*

P.S. Die enge, fast schon innige Zusammenarbeit von BILD mit dem KGB, Andrej Sacharow betreffend, braucht keinen zu beunruhigen, anscheinend ist die rein kommerzieller Art. Ob die beiden, BILD und KGB, sich gesucht und gefunden haben, wage ich nicht zu entscheiden.

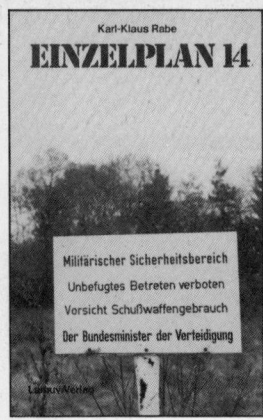

Karl-Klaus Rabe

# Einzelplan 14

272 Seiten, Abbildungen,
Französische Broschur

## DM 24,00

ISBN 3-88977-017-7

Die Sicherheit der Bundesrepublik hat ihren Preis. Über 200 Milliarden Mark im Jahr kostet das Militär hierzulande. In den nächsten zwölf Jahren wird *jeder* Steuerzahler bei uns wohl im Schnitt *95 000* Mark für die Verteidigung aufbringen. Und auch unsere Verbündeten wollen diesbezüglich kräftig investieren. Doch darüber gibt der Einzelplan 14, der Etat des Bonner Verteidigungsministeriums, keine Auskunft.

Dieses Buch liefert Informationen, die von der Hardthöhe wie *Staatsgeheimnisse* behandelt werden. Es zeigt auf, was für die Sicherheit der Bundesbürger getan wird: Von der Beschaffung von »Klappdrachen« bis hin zu *38 Millionen Kaugummis* für den Ernstfall. Nicht nur Cruise Missiles müssen stationiert, sondern auch Kapellen vergrößert werden, um die Einsatzbereitschaft nicht zu gefährden. »Rote Banditen« üben mit »grünen Porsches« den Luftkampf. Ein Bundestagsabgeordneter bietet Marmelade für die Boeings mit dem Pfannkuchen. Soldaten sagen sich »Ohne Mampf kein Kampf«. Es wird empfohlen, die *Baldriantropfen* nicht zu vergessen. Und die Innenminister sorgen sich: Ein Achtel Ei pro Kopf im »V-Fall«.

Im Preis unserer Sicherheit inbegriffen: Auf Truppenübungsplätzen blüht das Leben. Die US-Army heizt mit »Longflame« ordentlich ein. Das Buch nennt über *850 Orte in der BRD*, die alle an ihrer Verteidigungslast tragen.

Doch der politische Einigungsprozeß macht Fortschritte, denn vielerorts bilden sich Allparteienkoalitionen gegen Schieß- und Tieffluglärm, neue *Depots in Landschaftsschutzgebieten* und andere Vorhaben der Militärs.

Saul D. Alinsky

# Anleitung zum Mächtigsein

Ausgewählte Schriften, herausgegeben und übersetzt von Karl-Klaus Rabe

172 Seiten
Lamuv Taschenbuch 36

## DM 12,80

ISBN 3-88977-014-2

Alinsky, der sich selbst als Radikaler im Sinne der »American Revolution« versteht, beschäftigt sich mit dem Aufbau von Massenorganisationen, der Erlangung von Macht und der Verteilung von »Macht an das Volk«. Er entwickelt Taktiken und Strategien, wie sich die »Habenichtse« gegen die Besitzenden zur Wehr setzen können.

Alinsky hat mit seinen Massenorganisationsprinzipien wesentlichen Einfluß auf die US-amerikanische Bürgerrechts- und Studentenbewegung gehabt. Seine Schriften haben in den USA großes Aufsehen erregt. Die »Los Angeles Times« schrieb: »Lustig, philosophisch, kurz, ein Handbuch für Protestler.« Das »Wall Street Journal«: »Alinsky wird als der beste Organisator der Bürgerbewegungen in diesem Land anerkannt.« Alinskys Gedanken könnten zu einem neuen Verständnis von politischer Basisarbeit in der Bundesrepublik beitragen. Und in diesem Zusammenhang noch eines: »Diejenigen, die diese direkte Sprache nicht vertragen und auf Schonkost angewiesen sind, können und werden das hier Erörterte ohnehin nicht verstehen«, so warnt er seine bürgerlichen Leser.

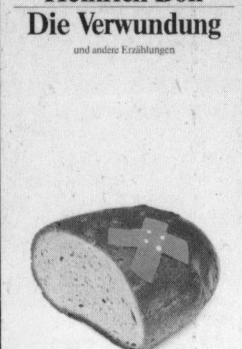

Heinrich Böll

# Die Verwundung
und andere frühe
Erzählungen

304 Seiten, gebunden, mit
mehrfarbigem Schutz-
umschlag, nach einem
Entwurf von Klaus Staeck

## DM 29,80
ISBN 3-921521-98-X

Diese Erzählungen, die hier zum ersten Mal veröffentlicht
werden, sind zwischen 1946 und 1952 entstanden, paral-
lel zu den bisher bekannten und berühmten Kurz-
geschichten niedergeschrieben worden.

Kriegs-, Trümmer-, Heimkehrerliteratur, diese Stich-
worte gelten auch hier: Menschen, die in den Erdlöchern
der Front gefangengehalten werden oder sich in den
Trümmern der Städte ein Leben einzurichten suchen. Die
Seuche »Krieg« hat sie alle befallen, und Böll sucht ihre
Symptome aufzuspüren, ihre individuelle Ausprägung zu
fassen. Wichtig ist dabei nicht das Panorama, die
Schlacht mit ihren »Helden«, sondern das Detail am Rande. Der junge Leutnant, der in »Todesursache: Haken-
nase« verzweifelt (und vergeblich) versucht, einen
jüdisch aussehenden Mann vor dem Erschießungskom-
mando zu retten. Oder der Soldat in »Die Verwundung«,
der über eine schwere Rückenverletzung beglückt ist
(»eine Verwundung wie gemalt«), weil sie zu einem Pas-
sierschein aus dem Inferno wird, und der sich von da an
fast ständig betrinkt, aus Freude, aber auch, damit seine
Verwundung nur langsam heilt.

Diese Geschichten sind Versuche, mit literarischen
Mitteln eine Zeit zu fassen, die niemals aufgearbeitet
werden kann. Geschichten, mit denen der junge Heinrich
Böll seine Autorenschaft begründete.